セミドキュメンタリー

風に立ち向かった男たち

長谷川 城太郎

歴史春秋社

目次

御蔵入《おくらいり》は厳しい風土
年貢の重さに常に争いが…

第一部　会津藩に一人で立ち向かった男
〜大石組郷頭《おおしぐみ》　中丸惣左衛門〜

中丸惣左衛門。

私がこの名前に初めて出会ったのは、平成二十九年（二〇一七）の秋のことでした。東尾岐郷遅沢村（現・会津美里町）に住んでいた会津藩蝋漆《ろううるし》改《あらため》役《やく》川島與五右衛門について調べていたとき、與五右衛門が友人に書いた書簡の中に突然登場してきたのです。

川島與五右衛門とは、文化年間（一八〇四〜一八一八）に御蔵入《おくらいり》百姓たちのために、会津藩役人たちの蝋漆売買に関わる不正事件を、江戸幕府勘定所へ訴えた下級武士だった男です。御蔵入地方の蝋漆改役を命じられていたのですが、百姓たちに頼まれ存知寄《ぞんじより》（意見書）を携えて江戸へ上りました。役職と帯刀は取り上げられましたが、訴えの一部は聞き届けられ帰郷することはできました。しかし、会津藩は許しませんでした。帰郷した與五右衛門を捕らえ、罪人として斬首してしまったのです。

川島與五右衛門の墓

本名新左衛門の墓（会津美里町遅沢）
川島與五右衛門重英の墓石の真後ろにある自然石を乗せた小さな塚の下には與五右衛門が江戸に上る原因をつくった大栗山村名主本名新左衛門が葬られている。
自分たち百姓のために死罪となった與五右衛門に死後も仕えるという気持ちの表現であると筆者は思っている。

彼の手紙には、こう書かれておりました。

「～私が役人たちの不正を糺《ただ》そうとした行為を見て、中丸惣左衛門のように会津藩を強請《ゆす》ろうとしているなどと言っている人がいるようですが、そのように思われたのでは私の一分が立ちません。もともと惜しい命ではありません。苦しんでいる百姓たちのために、身命を賭すつもりです…」

私はこのとき、会津魂というものは会津藩士と呼ばれている武士集団の中にあったものではなく、会津の百姓たちの生き様の中にあるのだというテーマで、『心の会津』という本を執筆中だったのです。

「会津藩を強請ったなんて、すげえ奴がいたもんだ。会津藩なんて、社会主義国家のような恐怖政治をやっていた連中だったのに」

などと呟きながら通り過ぎた記憶があります。

令和二年（二〇二〇）一月、会津図書館で『金山史談』第十八号（平成十九年〈二〇〇七〉度刊）を偶然手に取ったとき、再び中丸惣左衛門に出会いました。故渡邊良三先生が、金山谷の旧家について記述された記事の中に、ちらりと姿を見せておりました。なぜ「先生」かというと、渡邊良三氏は私の小学校時代の恩師であるからです。私の生まれ故郷である福島県大沼郡金山町の歴史について調べられ、数多くの論文を残されておられます。

その記事によって、中丸惣左衛門は私が育った集落の隣村の人物であったことを知ることになります。江戸時代は、大石組《おおしぐみ》の郷頭を代々務めていた郷頭家の出身ということになります。

彼の系図を遡っていくと、中世の会津で蘆名一族と覇を競った、山ノ内氏勝の重臣中丸新左衛門に辿り着きます。

天正十七年（一五八九）に会津が伊達氏に滅ぼされたとき、現在の会津若松市周辺に本拠地を置いた蘆名氏の武将たちは、散り散りになりました。蘆名氏に匹敵する勢力を持っていた猪苗代氏は、伊達氏に靡《なび》いたため会津に痕跡を残せませんでした。

喜多方市周辺の武将たちと金山谷や南会津の武将たちは、伊達氏に完全には屈しませんでしたので、その気風が江戸時代はもとより現在までも残っているのです。

ですから喜多方地方や奥会津地方には、会津若松市周辺とは一味違う精神文化が展開しているのです。取り分け御蔵入《おくらいり》と呼ばれていた柳津・三島・金山・昭和・東尾岐・南会津地方などは、江戸時代に何度か幕府の直轄領になっていた時期があります。江戸時代後半になりますと御蔵入《おくらいり》地方の人々は、会津藩預り地よりも幕府直轄地になる方を望みました。会津藩預り地になると様々な規制が厳しくなるからです。その上、我々は天領の民であるという意識を強く持っていたため、会津藩の命令に従わないこともありました。

当時の百姓のリーダーである郷頭や肝煎《きもいり》・名主たちの中には、武士にも劣らないほどの学問や教養を身に着けていた者も数多く存在したのです。

近世の会津の文化は、武士集団と百姓集団の二層文化であったという見方もあります。武士集団は生産手段を持たない転勤族であり、百姓集団は地元に長年定住して自分の家や土地を持ち、しっかりとした生産手段を所有しておりました。生き方や考え方が違うのは、当然のことであるといえます。

代々郷頭を務める旧家に育った中丸惣左衛門という人物は、御蔵入人《おくらいりじん》の典型のような人間であったと私は思っています。

その中丸惣左衛門が、どのような経験をしながら八十余年の人生を過ごしたのでしょうか。年表によって辿ってみることにします。

中丸惣左衛門の年表

元禄　八年　中丸惣左衛門　大石村に誕生　この年奥羽・北陸天候不順
（一六九五）　のため不作　餓死者甚大　　　　　　　（一歳）

惣左衛門の家は小高い山の中腹にあり、大石村《おおし》（現・金山町大志）全体と越後山脈を見渡すことができました。四季ごとに大胆に変容していく、壮大な越後山脈の景色を見ながら成長していったのにちがいありません。幼名はわかっていませんが、著名な郷頭の息子として青少年時代を過ごしたことでしょう。

江戸時代の武士階級は、総人口の約十パーセント弱くらいの人数で残りの九十パーセント強の庶民たちを支配していたのです。

支配者たちは百姓の中から家柄を吟味し、優れた人物を選んで郷頭としました。御蔵入《おくらいり》地方の場合は、滝谷組・大谷組・大石組《おおしぐみ》など十九の組に分け、十八～九人の郷頭がいました。各組に属する村々には名主（関西では庄屋・関東以北では肝煎《きもいり》または名主）がいて、村人を統括していたのです。年貢をまとめたり、日々の生活の面倒を見たりするのは名主の仕事で、村人の生活に密着した存在でした。御蔵入《おくらいり》地方には二百七十一ヶ村ありましたので、二百七十人前後の名主がいたことになります。その名主たちをまとめていたのが、郷頭たちです。

惣左衛門が住んでいた金山町大志集落
惣左衛門は越後山脈と対峙しながら日々を送っていた。春３月、山脈に降り積もった雪が、轟音をとどろかせながら雪崩落ちる。腹の底を揺さぶるような轟音が、金山人のひたむきな生き方を培ったのではないか。

郷頭の職分は、以下のようです。

一、代官または郡奉行《こおりぶぎょう》から伝えられた法令や指示などを名主に伝達すること
一、組内百姓の訴訟を吟味解決し、百姓たちの証文などに裏書きすること
一、時折組内を見回り、百姓たちが各種法令に違反することなく生活しているかをチェックし、農事に精を出すよう指導督励すること
一、自分の手におよばぬ物事は、代官に申達すること　等々

郷中の取り締まり・賞罰・御救扶持米《おすくいふちまい》の割符決定などに至るまで大小のことを司り、大きな権力を持っていました。

村々からは物割りで年間六～七石の給米を貰い、農繁期には労力の奉仕を受けることができました。また郷頭は組の公用などで田島へ出張することが度々ありましたが、その費用も百姓たちの負担となっていました。

郷頭の中にはその権力を笠に着て、百姓たちに過大な負担を強いるものがいたため、憎しみを買った郷頭もいたようです。

元禄十六年　佐瀬與次右衛門『会津歌農書』を記す
（一七〇三）　会津藩士　長井長九郎定宗　藩札発行の成果を上げられず
　責任を取って切腹
　大石良雄ら四十七士　切腹　（九歳）

元禄の終盤、奥羽地方は大凶作により各地で数多くの餓死者が出ておりました。現在の会津若松市柳原町あたりに住んでいた佐瀬與次右衛門は、磨きをかけた農業技術を人々に伝えて食糧増産を図るため、『会津歌農書』を作り上げました。

慢性的な財政難に喘ぐ会津藩は、藩士の長井長九郎の提案を取り上げ藩札の発行に踏み切りましたが、思うような成果が上げられませんでした。幕府からのお咎めを恐れた会津藩の上層部は、長井長九郎を切腹させることで収めました。藩のために現状を打破しようとして施策を行い、うまくいかないと関係者に責任を押し付けて切腹させるという解決法を、会津藩はこのときから七十年後も採用します。会津藩という武士集団は、優秀な人物の命と引き換えに藩の延命を図って、会津という土地にしがみ付いてきたのです。

元禄十五年（一七〇二）十二月、元赤穂藩の四十人余りの浪人が吉良上野介義央《よしなか》宅に押し入り殺害しました。今風にいえば、これはテロ事件なのですが、主君の仇を討った忠義者の集団と評価した世間の風評に押された幕府は、処刑ではなく切腹させるという処置を取り、全国的に話題となりました。

これらの情報は、脚色されながら時間をかけて御蔵入《おくらいり》地方にも伝わり、成長期の惣左衛門の耳にも入ったことでしょう。郷頭職を務めていた惣左衛門の父親は、解説をつけながら嫡男に教えていたのかもしれません。

一七〇四年からは宝永と年号を変えます。そのころから郷頭たちも、会津藩の廻米《かいまい》や扶持米《ふちまい》制度の厳しさに耐え切れず、幕府や会津藩に対して改善を要求しますが全く聞き入れられませんでした。年号が正徳に変わったころ、慢性的な財政難に苦しむ会津藩は、百姓たちの楽しみである祭りを止めさせたり、新しく家を造ることを禁止したりして金銭を消費させず蓄積させ、様々な手段でそれを自分たちが吸い上げることを考えていたのです。二十歳を迎えた惣左衛門は、藩の施策に対応する父親の苦悩を間近で見ていたはずです。

享保三年（一七一八）財政難に苦しむ会津藩は、こともあろうに御蔵入《おくらいり》の郷頭たちから借金をします。その金額四百両、利息月二十両一分。現代から見ればかなりの高利であると思われますが、この借金は途中でうやむやとなり、元金も利息も払われることはありませんでした。

このときから四十六年後、会津藩は七十歳になった惣左衛門から、この一件を指摘されるのです。このことについては、詳しく後述します。

享保　五年
（一七二〇）

百姓代表　郷頭の廃止・廻米停止を田島代官所へ強訴
南山御蔵入騒動《みなみやまおくらいり》の始まり
このころ　日本各地で百姓騒動が始まる
（二十六歳）

享保　六年
（一七二一）

一月中　百姓代表十五人密かに江戸へ上る
二月十三日　江戸幕府勘定所へ訴状を提出
六月十三日　南山御蔵入の組頭・名主総代・郷頭総代と代官　江戸にて吟味され始める
幕府勘定所役人　田島に来て領内を取り調べる（二十七歳）

享保　七年
（一七二二）

六月二十二日　騒動裁判の結果が下る
江戸にて打ち首

界　村　名主　兵左衛門
新遠路村名主　九治右衛門
滝澤村　名主　喜左衛門
布沢村　百姓　茂左衛門
黒谷村　百姓　儀右衛門
田島陣屋で打ち首
小栗山村百姓　喜四郎
合計三百七十七人の人々が処罰された　（二十八歳）

これが南山《みなみやま》御蔵入《おくらいり》騒動などと呼ばれ、百姓一揆の代名詞になっている事件です。

このころ、全国の百姓たちの社会意識が高まり、各地で武士階級の租税の徴収の仕方に対しての抗議活動が起きておりましたので、この結末は全国的な話題となったことでしょう。幕府側には全国の百姓たちに対する、見せしめという意味があったのかもしれません。

会津地区の百姓たちにとっては、忘れることができない事件として記憶され、沢山の記録や物語が作られました。そのため処刑されたときの様子や処罰の人数などに、微妙な違いがあるようです。

五人は江戸で処刑されたので、生首が田島に運ばれて晒《さら》されました。田島陣屋で処刑された小栗山村（現・金山町）の喜四郎は、公開処刑であったと伝えられています。会津では江戸時代になって初めてのことでしたので、沢山の見物人が集まったことでしょう。公開処刑にあたっては、今の言葉でいえば「動員」がかかったと思います。

二十八歳になっていた惣左衛門は、父親新左衛門と共に出かけたと私は思っています。二人は、晒し首となった五人の生前の姿を知っていたと思います。大衆の面前で処刑された喜四郎に至っては、村々を回って神社のお札を売り歩くことを生業《なりわい》としていたので、言葉を交わしたこともあったはずです。

喜四郎処刑の日は享保七年（一七二二）七月二日。獄舎から見物人の前に引き出された喜四郎は、覚悟ができていると見えて、平然としているように見えたと『奥州南山御蔵入物語』の著者は記しています。

準備されていた粗莚《あらむしろ》に正座した喜四郎は、末期の酒を所望し大杯で三杯を飲み干しました。そして座を糺すと、「綱の謡を大音にてうたひ、屑《いさぎ》よ

小栗山喜四郎の墓（金山町小栗山）
金山町教育委員会が説明板を建てた。

く打首に罷り成り獄門に懸りける」と結ばれています。「綱の謡」とは、謡曲の「羅生門渡辺綱」のことです。

渡辺綱は源頼光の家臣で、頼光四天王の一人。頼光四天王とは、江戸時代の妖怪退治話に登場するトップスターたちのことです。喜四郎は、江戸で斬首された五人と自分を頼光四天王に擬《なぞら》えて、妖怪江戸幕府に一太刀浴びせたことを、処刑を見物に来た人たちに伝えたかったのかもしれません。

二十八歳の惣左衛門は、この出来事をどんな思いで見ていたのでしょうか。御蔵入《おくらいり》の百姓たち全員が、この江戸訴訟に賛成していたわけではなく、様々な批判を受けていたことも知っていたことでしょう。彼らが郷頭の廃止を主張していたことも承知していました。

しかし、果敢に死んでいく喜四郎の姿を見て、感涙に咽《むせ》んでいたのではないでしょうか。この場面が、惣左衛門のその後の生き方に大きく影響しているというのが私の仮説です。

この騒動は、御蔵入《おくらいり》地方の郷頭たちの肝を冷やしたことでしょう。騒動の主な目的は、郷頭制度の廃止や廻米制度の廃止であったように伝えられていますが、百姓たちの思いはもっと大きくて、保科正之以降は心に響くような施政を施すことができる指導者が現れなかった会津藩への、不満の爆発であると私は思っています。武士階級の権力の下働きをしていた郷頭へ、百姓たちの矛先《ほこさき》は鋭く向かっていきました。

しかし、百姓たちが行動を起こす以前、廻米が始まった時点から、郷頭たちは廻

「御蔵入騒動」加藤文弥著
加藤文弥氏は金山町の人であるが、小栗山喜四郎が騒動の中心人物であるという地元民の説を受け入れなかった。冷静な目で騒動を分析しておられた。

米制度に対して意見を申し立てていました。幕府に直接申し立てたわけではなく、対象が代官所や巡見使などであったため、握りつぶされていたのでしょう。当時、田島代官所に勤務していた代官山田八郎兵衛重厚も、廻米制度の改善の意見書を上司に提出していますが取り上げられませんでした。

最近は演劇集団などによって、山田代官や郷頭たちが悪人役にされてステージに登場していますが、演劇を面白くするための脚色であって歴史的真実ではありません。当時の人々は、それぞれの立場で真剣に日々を紡いでいたのです。

江戸時代中期の名主たちは百姓たちのリーダーとして、充実した生き方をしていたようです。騒動の中核にいたのは、名主たちでした。しかし、誰が騒動集団のトップであったのかは、今でもわかっておりません。

郷頭たちは、息を殺して事件の成り行きを見守っていたことでしょう。郷頭たちが呼び出されて、江戸へ上るための費用や役人たちが取り調べのために滞在したときの経費なども、地元の百姓たちが負担したにちがいないのですが、それに関する正確な記録は今のところ見つかっておりません。息を詰めて過ごすような多くの日々と、莫大な費用をかけて事件は終わりを告げました。結果、江戸廻米制度や米納強制は中止となり、百姓たちの負担は少々軽減されたのです。この事件では、訴訟組が申し立てた郷頭制度の廃止は実現しませんでした。

この騒動が収まったのち、自らの思いを子孫に書き残した人物がおります。当時の御蔵入地方の人々の考え方を、代表しているように思われますので紹介しておきます。

「右　ご詮議詰まり郷頭共勝公事　百姓共負公事に成り　百姓共の内　頭取と見えたる者共六、七人御仕置に相成り　伊北の内にて名主も百姓に一味致

したる者が御仕置に仰せつけられ候

右　御仕置に成りし内　小栗山村喜四郎と申す者は江戸には罷り登らず候得共　此の方にて所々へ徒党を結びしと申すを以て御仕置なし置かれる者なり

村末代に心得のため　あるままを印し置く者也」

と前置きし、次のような意味の文章を書き残しています。

「この度の吟味は、江戸より坂本新左衛門という吟味役が田島代官所に派遣されて実施された。その結果、御蔵入《おくらいり》中の百姓は、残らず呼び出されて調べられた。

百姓たちは一様に『私共はそのような訴訟のことは知りませんでした』、『そのようなことは言っておりません』と申し上げたため、江戸上りの者たちの言うことは、全て偽りであると断じられた。

世間というものは、浮世というものはこういうものなのだ。この書付の内容を、心の底にしっかりと納めておいてほしい。

私は運悪くこんな事件の起きた時代に生まれてしまい、江戸まで出向いて長い間取り調べられて大変つらい思いをしたので、書き残しておくことにした。他人には見せないで、自分の心の中に納めておいてほしい。

死罪になるような行動をした人たちは、私利・私欲で動いたわけではない。このような騒動を起こす前に、苦しい生活から抜け出すための解決の手段を相談しても、関わりたくないと言われたり、きちんと助言してくれたりする人もいなかった。

この騒動は、百姓たちの中でも能力のあるものたちが起こしたのだが、郷頭たちにはするりと躱《かわ》されてしまった。世の中の地位の高い人は、様々な知恵を持っているものと心得るべきだ。

これらのことをここまで書き残すのは、世の中の人のためになると思って行動しても、うまくいくものではないから、そういう考えは持たないで生きてもらいたい。
何事も末の世の無難のことを思い計りて書き留めて置く者也
はずかし也
檜原《ひのはら》　片山長吉書き置く」

斬首獄門六人・牢死七人・江戸にて病死二人・牢舎入り・手錠・村預けなど三百人を超える処分者があり、会津のみならず当時の人々に大きな衝撃を与えたものと思われます。

檜原村の片山長吉は、五十歳を超えていたのかもしれません。自分のことよりは、子孫の生き方を案じています。

この出来事を見て、これから郷頭職を担っていく立場の二十八歳の惣左衛門は、何を感じていたのでしょうか。

先ずは、政治体制の根幹ともいえる廻米制度や扶持米《ふちまい》制度にクレームをつけてきた百姓たちに対する、厳しい詮議の様子に目を見張ったことでしょう。その結果、斬首獄門を含む三百人近い処罰者を決定した、幕府の必死さを感じたかもしれません。そしてもう一つ見たのは、幕府と会津藩の力関係ではなかったでしょうか。普段は胸を張って百姓たちに向かってくる会津藩士たちが、幕府から派遣されてきた役人の手先となって走り回る姿に驚いたと思います。

しかし、一番強く感じたことは、御蔵入《おくらいり》地方の百姓たちの生きることへのエネルギーの強烈さと強かさであったと思っています。これから郷頭職を継ぎ、会津藩と百姓たちの間を繋ぐ役目を担う惣左衛門にとって、百姓たちは侮《あなど》れない相手であることを強く感じたことでしょう。

首謀者とされた人々の処刑が終わった後、享保七年（一七二二）七月十八日田島代官山田八郎兵衛重厚は、職を奪われます。そして御蔵入地方は、幕府直轄地から会津藩の預り地となります。罷免された山田八郎兵衛は、後に他の地方の代官に再任されています。
このときの会津藩主は、三代松平正容《まさかた》でした。

享保十二年　会津藩　蝋漆専売制の強化
（一七二七）　幕府　大坂に目安箱設置　（三十三歳）
享保十三年　九月　大風雨
（一七二八）　この年各地で洪水多発　（三十四歳）
享保十五年　八月　大風雨洪水
（一七三〇）　山三郷で山崩れ多数　（三十六歳）
享保十六年　九月十日　三代正容没（六十三歳）

（一七三一）　九月二十三日　四代容貞継（八歳）　（三十七歳）

享保十七年　幼領主容貞
（一七三二）　疱瘡に罹って 完治
町医者森川嘉内
礼金六百両受領　（三十八歳）

享保十八年　この年、藩の累積赤字
（一七三三）　十六万八千二百二十五両
江戸城掘り攫《さら》い手伝い普請
領内に御用金を課す
各地で百姓騒動あり　（三十九歳）

享保二十年　長沼領百姓二千人

（一七三五）　不作につき減免要求して長沼陣屋へ
会津藩間者を遣わす
各地で百姓騒動あり　（四十一歳）

享保は二十一年（一七三六）の四月までですが、享保年間の会津は天候不順で毎年暴風雨に襲われ、百姓たちは苦難の日々が続くのです。

享保十七年（一七三二）の春のことです。幼くして領主となった松平容貞《かたさだ》が、疱瘡に罹りました。容貞は九歳でしたので、後継者は決まっていませんでした。まさに、「お取り潰し」の危機に見舞われたのです。

そのとき、若松の町医者森川嘉内の施療によって、容貞は完治するのです。その礼金がなんと六百両。現在の金額に換算すると、江戸中期ですから一両は約八万円とみて四千八百万円。

しかしそのころ、会津藩の財政は破綻しておりました。享保十八年（一七三三）の会津藩の累積借財は、十六万八千二百二十五両であったという記録があります。そのような状態の中から六百両の礼金を支出したのですから、藩の上層部の喜びようは一通りのものではなかったようです。親藩といえども、常に「お取り潰し」や「お所替え」を恐れて、幕府の顔色を伺うような日々を送っていたのでしょう。

江戸城の普請を命じられると、百姓たちから御用金を集めなければ対応できませんでした。財政的には、その日暮らしというのが会津藩の実態だったのです。

そのころ、四十歳前後だった惣左衛門は、この出来事を知っていたのでしょうか。噂を聞きつけて、幕府に対する会津藩の弱さに気付いたような気がします。

このころから、わが国では毎年何処かで、一揆や強訴が起こるようになっていました。会津藩は領民の中から、親孝行者とか貞節な女性とかを探し出してはこ褒美を与え、領民の慰撫に努めています。

寛延　二年　この年　不作
（一七四九）十二月　猪苗代地方百姓、年貢半免他七項目の要求を掲げて、打ちこわし運動を起こす（寛延の打ちこわし）
二本松・三春でも打ちこわし起こる　　（五十五歳）

寛延　三年　九月二十七日　四代容貞没（二十七歳）
（一七五〇）十一月十二日　五代容頌（七歳）襲封
補佐役松平容章

田中玄宰漆器業奨励を建議　（五十六歳）

宝暦　元年　五月　寛延二年の打ちこわしの首謀者二百十八人を処罰
（一七五一）（磔・刎ね首・入牢・入れ墨・叱責）
※小平潟村喜八　騒動時鉄砲撃たれて死去　遺体を墓から
掘り出して磔　（五十七歳）

ここから、一気に話を進めます。寛延元年（一七四八）三月、小荒井組（現・喜多方市）肝煎《きもいり》八之丞は、山郷諸組八万石の総代として、十人の肝煎級の百姓と共に、年貢や諸役の軽減を願って会津藩に訴状を出しました。しかし、藩からは何の音さたもありませんでした。翌二年（一七四九）春、八之丞は単独で直訴を実行し、入牢させられます。これが寛延の打ちこわしの発端となったと伝えられています。

百姓たちの困窮について、藩は全く無視したのではなく、御目付役や郡奉《こおりぶ》行《ぎょう》たちは藩の上層部に訴えてはいたのですが、当時の会津藩の内部はグループ毎の派閥争いが激しく、まとまりを欠いていました。寛延二年（一七四九）十二月十四日、年貢などを下げて百姓たちの力を養う政策を主張していた郡奉行中野藤太夫一派は、突然罷免されるのです。

この出来事を、百姓たちが知っていたかどうかはわかりませんが、同年十二月二十一日、猪苗代川西組三城潟村の百姓たちが郷蔵の前に集まって、決起の相談をしていました。テーマは、藩からの貸米を受けるかどうかという相談でした。

当時の山間部の百姓たちは、秋に年貢を納めると、一年間食いつなぐための米が不足するという生活を送っていました。食いつなぐための米を藩が貸して、次の年の秋の米の収穫期には、利息を課して藩に返済させるというシステムを長年継続していたのです。

自らが生産手段を持たない武士集団は、慢性的な財政難に喘いでいたため、自分たちの生活が苦しくなると、貸米の利息を一方的に上げたりしていたのです。利息は武士集団にとっては、大切な収入の手段であったのです。

貸米の返済について、会津藩は百姓たちが不利になる案件を付けて提示してきました。利息を大幅に釣り上げてきたのです。

十二月二十一日、烏帽子小屋村の老百姓《おとなびゃくしょう》彦右衛門は、拝借米を拒否したと『会津藩家世實紀』に記録されています。

翌十二月二十二日、猪苗代川西組西館村・川東組金曲村も拒否しました。同日金曲村の御蔵前には、山潟村・関脇村・壺下村・夷田村・小平潟村・松橋村・中目村・都沢村・楊枝村など周辺の村々から、肝煎や老百姓たちが次々と集まってきました。様々な意見を交わして夕七ツ半（午後五時）ごろになったとき、山潟村の林右衛門が若松城下へ行って請願することを提案しました。

賛同の声が上がり、百姓たちは行動を起こしました。「寛延の打ちこわし」の始まりです。山潟村文右衛門たちは村に帰り、全村残らず願い出に行くこと、もし不参加の者があれば、その人の家に火を付けると触れ回ったので、沢山の百姓たちが集まってきました。百姓たちの集団は、金曲村から猪苗代に向かう道筋で、沿道の村人に参加を呼びかけ、参加しなければ家に火を付けると脅したため、大集団となって猪苗代へ到着したのです。

このとき、時刻は五ツ半（午後九時）を過ぎていたそうです。百姓集団は猪苗代の人々の世話になって酒食をして一夜を過ごし、夜が明けると猪苗代の人々も巻き込んで大寺村に到着しました。そこで北方（喜多方）からの集団と合流して塩川辺りに集合しました。「三万人余集まり鯨の声を上げしばらく時を移しけり」という記録も残っております。

突然の百姓たちの蜂起に、会津藩は慌てて情報の収集に取り掛かりました。

猪苗代・北方・塩川方面の郷頭や肝煎、それに郡奉行や町奉行を動員して経過や参加人数を報告させました。百姓集団は突然蜂起したため、訴状があるわけでもなく明確な目的や要求が不明だったのです。

様々な調査の結果、百姓たちが望んでいるのは、税率を上げて武士集団の収入を多くしようという年貢収奪派の西郷仁右衛門と並河多作両名の引き渡し、そして富裕者の家屋敷の踏み荒らしであるという風聞が伝わってきました。

会津藩の上層部は、万一に備えて城下の各部門の警備を厳重にするように命じ、同時に百姓たちをできるだけ穏便に退散させる手立てについて協議しました。しかし、百姓たちが城下に押し寄せることを防ぐために、物頭に鉄砲組の配置を命じたとも伝えられています。

警備をする現場の担当者から、「武器を使っても押し込んできたときはどうするか」と聞かれたとき、藩の上層部は「二千、三千も打ち留めれば、何とかなるだろう」と答えたと記録にはあるのです。

しかし、百姓たちに対しては横暴な武士集団とはいえども、これには異論が出て、明確な対策を決するまでにはいかなかったようです。

その後、百姓たちの人数は増え続け、動きも活発になってきたので、町奉行神尾大蔵に百姓たちの取り扱いを一任しました。会津藩は、物事が行き詰まると優秀な藩士に一切を任せてしまうという手法をよく取りました。うまくいかなかった場合は、任された人物を切腹させるという手段で事を締めくくるのです。会津藩という組織は、冷静な目で見直してみると、自らの無能さを狡猾に覆い隠しながら、何とか生き延びてきた集団であったということになります。

塩川組の郷頭栗村左平が百姓たちの説得にあたり、会津藩に取り次いでやるから願いの趣旨を示してほしいと交渉すると、『願之品』と銘打った書付を出してきました。

その内容を概略すると、「年貢収奪派の西郷仁右衛門と並河多作をこちら側に引き渡すこと。年貢率を現在の半分にすること。年貢や借金の返済は、収穫が終わった十月末にすること等々」が記されてありました。

しかし、この交渉に関しては百姓たちが、郷頭相手ではまた騙されるからだめだと騒ぎ立て、先には進めませんでした。

さらには、高い年貢を強引に取り立てるのではなく、年貢を低率にして百姓たちの余力を養うべきであると主張して罷免された、勧農派郡奉行《こおりぶぎょう》中野藤太夫・横田千次郎の復職要求へと発展していったのです。このようにして会津藩の人事にも踏み込んできたのです。

会津藩にとっては経験のない出来事であったためか、役人たちは適切な対策を打つことができませんでした。十二月二十四日の夕方ごろには、百姓たちの集団は大挙して会津若松城下の七日町木戸付近まで押し寄せてきたのです。

対応を一任された町奉行神尾大蔵は、百姓たちの要求の一部を受け入れるという行動に出ます。郡奉行《こおりぶぎょう》仮役西郷仁右衛門および並河多作・高木助三郎を退役させ、かわって勧農派のグループである有賀孫太夫・片桐八左衛門を復帰させ、その他の願いについては追って吟味すると通告しました。

しかし、百姓たちは納得しませんでした。「退役させても、すぐ復職させるのだろう」「口頭ではだめだ。書付で渡せ」「年貢は半分にしろ」などと叫んで、退散する様子は見せませんでした。

百姓たちとの交渉は難行を極め、十二月二十五日の午後五時ごろになると、百姓たちは益々荒れ狂い、ついには七日町木戸を打ち破って、城下町に雪崩れ込んできたのです。

百姓たちのこの行動に対して、会津藩は鉄砲を打ち込みました。鉄砲を操作したのは足軽たちでしたが、「撃て」と命じた中級武士がいたはずです。百姓たちの中からは、死者が出ました。死んだのは小平潟村百姓喜八。七日町木戸を打ち破るとき先頭に立って行動した男です。会津藩側は流れ弾にあたったとしておりますが、流れ弾であるはずがありません。複数の射手が、しっかりと狙って撃ったことでしょう。

鉄砲の登場によって、七日町木戸付近から百姓たちの姿は遠のきましたが、騒動は収まりませんでした。若松城下を取り囲む百姓たちの数は益々増加し、『会津藩家世實紀』には、「今日朝五ツ時過、安積筋より百姓共大勢参候」「河原町筋へ百姓共乱入致し騒々敷旨」「百姓二、三百人赤井村ニ屯致罷居候由」などと記録されています。

十二月二十六日になって、解決策を協議するため、家老や奉行などの藩上層部が登城します。そして決定したことは、百姓たちが強く要求していた「年貢半免」でした。

会津藩は、「今年より年貢を半分にすることを約束する」と書かれた小札の書付を、一組に一枚ずつ渡したと記録に残っています。このことによって、百姓集団は十二月二十八日までには、各村へ帰っていきました。

百姓たちの勢いが治まってきた寛延三年（一七五〇）二月一日、会津藩は公事奉行に命じて、騒動に関する捜査に取り掛かります。

鉄砲を持った足軽を伴って、役人たちが猪苗代川東・川西組など騒動の中核となった地域を中心に、捜索が始まりました。そして騒動に関わった百姓たちを、次々と捕縛していきます。二月六日までには三百人余が捕らえられ、厳しい詮議を受けました。

その結果、寛延四年（一七五一）五月二十五日、騒動の指導者とみなされた百姓たちに刑が言い渡されました。

・三日晒　郭内引渡於在所磔
（三日間、人通りに晒して後、城下を引回して生まれ故郷において磔にする）
　山潟村老百姓《おとなびゃくしょう》　林右衛門
　同　村老百姓　文右衛門

・三日晒　郭内引渡　火焙
　壷下村百姓　弥七
　金曲村百姓　半右衛門

・三日晒　郭内引渡　誅伐獄門
　山潟村百姓　彦六
　上西蓮寺村百姓　伊三郎

・三日晒　打首
　酸川野村百姓　　清吉
・在所において磔
　小平潟村百姓　　喜八

死罪を言い渡されたのは、以上八人でした。その他の処罰者は、次の通りです。

・額に入墨　三日晒他邦永代追放　　八人
・額に入墨　御城下構越百姓　　二人
・他邦永代追払　　一人
・五十日間牢舎　御城下構　　五人
・牢舎　　百五十一人

・十日月扶持にて夫々召仕　三人
・叱　十一人
・召放　三人
・押込　三十一人

合計二百二十三人処罰などという記録が残っています。史料によって、処罰者の総数に多少の違いがあります。

死罪を命じられた八人は、そのまま処刑されたとする史料もあります。しかし、『会津若松史』第四巻では、百姓たちの反発を恐れた会津藩は、死罪八人のうち七人の死罪を取りやめ、他邦へ永代追放という措置を取ったと記されています。

そうなると磔になったのは、騒動時に鉄砲で撃たれて死亡した、小平潟村百姓喜八ただ一人であったことになります。すでに埋葬されていた遺体を掘り返して、磔柱にくくり付けたのです。死亡してから一年以上経過していますので、肉片が少々着いていたか白骨化していたかはわかりませんが、見せしめとはいえなんとも罰当たりなことをしたものです。百姓たちの反会津藩という感情は、大きく膨らんだにちがいありません。

この事件からおよそ百二十年後の慶応四年（一八六八）、戊辰戦争で会津に攻め込んできた西軍に、猪苗代地方の百姓たちが協力したという伝承がありますが、このときの悔しさが子孫たちに伝わっていたのではないかと、私は思っております。

このとき、金山谷大石《おおいし》村に住み五十七歳になっていた惣左衛門は、この事件を何処まで知ることができたでしょうか。

詳しく知ることはできなかったでしょうが、百姓たちへの処罰の内容は、領内全土に知れ渡ったと思います。享保七年（一七二二）二十八歳のとき、南山御蔵入騒動で磔になった小栗山喜四郎の処刑現場にいたであろう惣左衛門にとっては、特に興味を惹かれる部分であったと思うのです。

ところが蓋を開けてみると、実際に磔になったのはすでに死亡していた小平潟村百姓喜八だけで、後の七人は他邦へ永久追放に変更されてしまいました。理由は百姓たちの反発を和らげるためであったと知ったとき、惣左衛門は何を感じたでしょうか。南山御蔵入騒動を裁いたのは、江戸幕府でした。逆らった百姓たちに敢然と立ちはだかった江戸幕府の強さと、そうではない会津藩の弱さを見て取ったのだと思っています。

「もしかしたら、会津藩は強くあたれば、どうにかなる相手かもしれない」。会津藩に対する様々な思いを溜め込んでいた惣左衛門の胸の底に灯っていた反骨の灯が、さらに燃え盛った出来事だったのかもしれません。

寛延の打ちこわし事件は、江戸時代の会津の歴史において、大きなターニングポイントではなかったかと考えています。百姓集団と武士集団の力関係に、大きな変化が生じた事件でした。南山御蔵入騒動（享保年間）や後に起こる川島與五右衛門事件（文化年間）のときのように、あらかじめ訴状が準備されているという事件ではありませんでした。前者の二つの事件のように、強力なリーダーがいて、念入りに準備されていたというような記録は残っていません。

しかし、百姓たちの堪えに堪えていた不満が爆発したエネルギーの大きさに、武士集団は間違いなくたじろいだのです。城下に押し寄せてくる無秩序な百姓集団を取り鎮めるために、右往左往する会津藩の上層部の様子が史料によって伝えられておりますが、彼らの責任逃れとも見える頼りない態度は、会津中の百姓たちも肌で感じ取っていたのだと思います。

寛延の打ちこわし事件の後、沢山の狂歌が読まれました。武士集団の行動に対する風刺と反抗の心が滲み出ています。いくつかの作品を紹介します。

・古《いにしえ》の主税《ちから》は義士にてありしょな。今の主税は山師なりけり。
（若年で奉行を務めた横山主税）
・兄さまの復帰頼みに不了簡。もはや西郷南無阿弥陀仏。
（家老である兄西郷頼母の権力を笠に着る弟西郷仁右衛門）
・切腹は今日か明日かと待つ奉行。早く西郷するが身のため。
（西郷仁右衛門は、奉行仮役として事件の鎮圧を担当していた）
ついでに、「ものは付け」を二つほど。
・早々役を仕舞わせたいものは
　疱瘡前の子供と　西郷頼母
・見かけばかりで身のないものは
　鎌倉海老と　高橋外記

私は昭和十一年（一九三六）生まれで、大東亜戦争（太平洋戦争）開戦時のころに国民学校に入学しました。入学してからは勿論のことですが、入学前から周辺の人たちのお話や絵本などを通して、戊辰戦争時の会津藩士たちの勇敢さについて叩き込まれました。「神風特攻隊になってアメリカの重爆撃機B29に体当たりして戦死する」というのが、私の小学校三年生までの将来の希望でした。

幕末の会津藩士の生き方は、戦時中の政権によって皇民化教育に利用され、実際よりも極めて美化されて伝えられました。戦後もその後遺症が続いていたため、会津藩士を批判することはタブーとなっていたように思います。

会津図書館には郷土史のコーナーがあり、そこには戊辰戦争に関する小説や歴史書が、ずらりと並んでいます。その大部分は会津ゆかりの人が書いた、会津藩士賛美のものばかりです。これでは、新しい会津の歴史を切り開くことは難しいでしょう。歴史というものは固定的なものではなく、時代と共に変貌していくものなのです。

寛延の打ちこわし騒動を見直して、会津の人々に学習していただく機会を作ったならば、新しい会津を切り開くきっかけが見つかるかもしれません。

事件の収拾に関わった会津藩士たちの行動の中に、美化されない会津藩の本当の姿を垣間見ることができるはずです。

そのためには、具体的な史料が不足しているように感じています。今となっては少々遅くなってしまったようにも思いますが、猪苗代町や喜多方市塩川町に伝わる寛延の打ちこわし事件の痕跡を、調べ上げる必要があるのではないでしょうか。


話を惣左衛門に戻します。

五十歳も後半に差し掛かっていた惣左衛門は、そのころどんな暮らしをしていたのでしょうか。そのころの世の中の様子を記録した、『年代記』と題された記録に巡り合うことができました。

『年代記』とは、江戸時代に金山谷沼沢村（現・金山町沼沢）の名主を務めていた五ノ井家の先祖が、地域の生活の様子を数代にわたって書き綴った記録です。

実物はいまだ発見されておらず、写本が残っていて私が手にしているものは、その写本のコピーです。

会津藩には、『会津藩家世實紀』と呼ばれる記録本があり、寛永八年（一六三一）から文化三年（一八〇六）までの百七十六年間にわたる出来事が記録されています。

これは文化二年（一八〇五）に六代藩主・松平容住《かたずみ》が二十八歳で病死したとき、七代藩主となる容衆《かたひろ》がわずか三歳であったため、家老田中玄宰《はるなか》などの発案により、容衆に会津藩の歴史を教えることを目的として、初代保科正之の誕生のいきさつから始まり、それ以降の様々な事柄をかなり詳しくまとめたものなのです。それは藩の上層部の者たちが読むことを想定していたため、藩にとっては具合の悪いことまでも記録されています。ですから、今になって会津藩の歴史を研究する者にとっては、極めて貴重な資料とされているのです。

この資料が読み下されて活字となって出版されるとき、田中玄宰クラスの先の読める会津藩士の末裔が会津若松市に残っていたら、多分反対されて実現はできなかったのではないかと思っています。

しかし、能力のある会津藩士の末裔たちは、みんな会津を捨てて何処かへ消えてしまいましたので、当時の藩政の隅々までも誰もが知ることができるようになってしまいました。

「会津藩は中丸惣左衛門に過去の不正を暴かれて大金を強請《ゆす》り取られた」と伝えられているいきさつも、『家世實紀　巻之百八十五（明和元年八月二十二日）』の項に、しっかりと記されているのです。

いくら先を読める田中玄宰でも、中丸惣左衛門ゆかりの御蔵入《おくらいり》出身水呑百姓の末裔である私に、苦しい藩財政の中から大金を支払ったことを知られるとは、思ってもみなかったことでしょう。

玄宰は今ごろあの世で、出版を止めることができなかった藩士の末裔たちを集めて、強く叱責しているのではないでしょうか。

金山谷沼沢村の名主が書き綴った『年代記』は、『家世實紀』のように洗練はされていませんが、二百余年間におよぶ百姓の生活の記録が記されています。

『年代記』のほんの一部ですが、惣左衛門が大きく生き方を変えることになる、宝暦年間の記述を若干紹介しておきます。

『年代記』（意訳）

宝暦　元年（一七五一）

今年雪は中位にて時節相応に開作、春は雨多く夏土用共に順天にて諸作満作、大小豆は違い候。九月終わり頃より雨降り続き十一月まで不天気、秋仕舞い難儀致し候。

（惣左衛門　五十七歳）

宝暦　二年（一七五二）

今年も旧冬より雪中位、作立ち時節相応、諸作豊年、しかし大豆・麻は違い候。米穀至って安値。七月の末は大雨大洪水にて有倉沢の宮下道大破し、前ノ沢洪水にて田畑を流し、助合人足七百五十人下され候。

（五十八歳）

宝暦　三年（一七五三）

この年旧冬より雪深く開作遅れ候。しかし夏土用前は順天にて物生え能く諸作順調のところ、土用後不天気雨多し、夏になりても、日の天にこれなく陰々として晴れず候。風雨強く諸作に当たりて不作。麻は悉く損じ田方は半毛もこれなく候。畑方は粟一向実らず、米は金一分に五斗に上がり候。

宝暦　四年（一七五四）　（五十九歳）

旧冬早くより雪降り大雪、当春になりても打ち続き不天気にて他村への年始も成り兼ね候。四月初めより五月五日まで日でり、それより二十日ほど雨降り、さらに一ヶ月半も大日でり、照り至って強く候。故に諸作焼き枯れ山林の草木まで枯れ候所多し。雨乞い全て村毎に寺・社・院御祈祷これあり、当村住僧は須崎に壇を構え御祈祷、諸作不作にて蕎麦・大豆・小豆大違い。稲かべ落ち二割ほど、その上取り殻不足で六分に相見え候。御私領は水不足にて半毛にも及ばず候。坂下にて米値段金一分にて四斗六升まで致し候。米段々高値となり三斗七升より三斗四升までに上がり候。年内幕内は雪一尺ともこれなく殊の外天気長閑に候所、寒明け十二月二十七日（太陽暦二月七日）より雪降り不天気になり、金銭出し方これなき上に夫食これなく世上差し詰まり申し候。

（六十歳）

宝暦　五年（一七五五）

当年に至って天気不順にて春中より五月十日頃まで相続き、九月末までの内、三日と日和能く続き事これなく、これより稲出穂にかかり出候てもかがみ申さず田方は本田・新田ともに大違い。早稲は大かた良き方なれど、かるこ（品種の名称）大違い平均四ヶ一にも及ばず候。秋中に至り大豆実入り候ては盗み多く、大豆・粟は穂切り作場より諸品を取り盗み、稲もさで場より盗む者多く致し方これなく候。

年内より夫食とれなく飢えに及び候族は当村（沼沢村）に二～三十人も相見え申し候。暮れには坂下にて金一分にて二斗三升茲元にては二斗、諸国とも違い候。陸奥の奥筋大不作にて南部・津軽など大違いに候由。南部は秋米一升につき百四文まで致し候。例年は八～九文より十二文の由。木の実はなり候得共腐り候而、蝋目は例年の三分ノ一も出申さず候。
夫食これなき族、顔色青黒く全体衰え候事言語に絶し見え申し候。御上より仰せ付けられ、籾七石八斗・粟四石五斗・蕎麦二石七斗・稗五斗を村へ貸し候。その外に親類などに米五升ずつ、極窮の者へ小糠・粃など呉れ申し候。

（六十一歳）

（会津藩領内では、この年郷頭制度が廃止となり、惣左衛門は職を失う）

宝暦　六年（一七五六）

旧冬より雪は中位の所に三月朔日より打ち続き雪降り通路成り兼ね、作立ち遅れ不作に候。
旧冬より夫食これ無き族は糠や木の実など牛馬の食み候様なるものを

食べ、雪消えぬ内に二～三人飢え死に致し候。三月半ばに雪間が出候ては童着（いたどり）、野老（ところ）、苧麻（からむし）の根、畑の内のたんぽぽやあさづきなど、あらゆる青物食い尽くし候故、二便不通の病人多く顔色憔悴して見るに忍びず候。

上様に御願い申し上げ候も御救い方これなく、漸く八月頃に黒谷組御蔵より越し穀入れ候露命助かりし者も御座候。秋に至り又候に田方六分、畑方は蕎麦・大豆半毛にも及ばず候。

宝暦　七年（一七五七）　（六十二歳）

雪は中位にて春は順天、夫食これ有る者は出精能く相働き、出穂の節も天気能く田方吉。然るにその後は長雨続き会津平は大洪水にて諸国一統大不作、越後も大洪水にて離散の者共たち乞食躰にて大勢通り候。打ち続く凶作にて金銭出し方これなく、田畑や山林の諸木それに家の

戸障子類まで売り払い、如何様にも致し方これなく所々へ逃げ行き、
或いは乞食するなど言語に絶し候。
子丑（宝暦六〜七年）減り人は村にて七十二人に及び候。
その内訳、
・二十一人＝死滅　十二人飢え死（内三人首括り・一人乞食に出て雪倒れ）
病死九人
・十四人＝離村するも居所定まり扶持喰にて暮らす。
・十五人＝何方に居り暮らし候哉分からず候。
・二十二人＝所々へ縁付き、夫婦別れのもの他領へ縁付き。
（夫婦別れとは、二〜三両の金を貰って妻を他人へ縁付かせるという最後
の手段。幼児も付けてやった）
（六十三歳）

以上は、『年代記』の中から、農作物や生活の状況に関する事柄を抜き書きしたものです。惣左衛門が暮らしていた大石《おおし》村（現・金山町大志）は、五ノ井家のある沼沢村より、若干標高が低い所にありますので、雪の量や気温には違いがありますが、ぎりぎりの生き方をする人々の姿を見ていたはずです。

再び年表に戻ります。

宝暦　二年　会津藩は江戸商人海保・田畑両人に財政整理を行わせる
（一七五二）　大雨洪水田畑流出多数
財政難のため家臣より借知
（五十八歳）

宝暦　三年　会津藩の借財　三十六万四千六百三十八両
（一七五三）　前出の商人に対策を依頼

会津藩は農民の商行為を禁止
天候不順　　　　　　　　　（五十九歳）

宝暦　四年　この年　旱魃にて不作
（一七五四）農作物の被害大
　　　　　　亡村百九十ヶ村に達する　　（六十歳）

宝暦　五年　南山御蔵入は幕府直轄支配となる
（一七五五）郷頭役は廃止　検断の名字帯刀は取り上げ　給米中止
　　　　　　奥羽地方冷害による大飢饉　（六十一歳）

宝暦五年（一七五五）南山御蔵入《みなみやまおくらいり》地方は、突然幕府の直轄地にされてしまいました。それと同時に、郷頭制度が中止され給米がなくなったため、惣左衛門は収入の道を失ってしまいます。下男下女に暇を取らせたり、土地を手放したりして暫くは大石《おおし》村にいたらしいのですが、やがて惣左衛門の姿は村では見られなくなりました。家族を村に残し、単身で姿を消しました。そして、惣左衛門という文字は、地域の古文書からも消えてしまうのです。

相馬地方に出て奉公していたとか、会津藩によって捕縛され、入牢させられていたとかの伝承はありますが、今のところ史料は見つかっておりません。

前向きに生きてきた惣左衛門のことですから、うつむき加減で日々を過ごすなどということは考えられません。無収入の現状を打破しようと、何かに取り組んでいたことでしょう。

職を失って、その日暮らしの元郷頭たちに救済の手を差し伸べることもなく、朝令暮改ともいえる政策を繰り広げる会津藩に対する怒りは、訴状を作り上げて藩政のどこが問題なのかをわからせ痛めつけてやろうという反骨の火玉に変化していったのです。

代々の郷頭が残してくれた沢山の資料を、部屋いっぱいに広げて訴状の制作に没頭したことでしょう。その場所が金山谷大石《おおし》村であったのか、あるいは密告などを恐れて会津藩領から離れたところで、まとめ上げたのかも不明です。

私は現在のところ、姿を消してからの惣左衛門の主な住処《すみか》は、江戸であったろうという仮説を立てております。

郷頭制度が中止されてから九年後、明和元年（一七六四）、惣左衛門の姿は会津藩江戸屋敷にありました。七十歳になっていました。江戸幕府勘定所への訴状の案文なるものを携えて、会津藩江戸屋敷関係者の門をくぐったのです。

朝令暮改の会津藩支配と、天候不順で貧困に苦しみ抜いた江戸時代中期を生き抜いた男の、命を懸けた一人芝居の幕開けです。

当時の会津領主は五代容頌《かたのぶ》であり、幼少で継承したため補佐役が会津を仕切っていました。その人の名は、松平容章《かたあきら》。補佐役は、次の年に解かれているのです。揺さぶるのには、絶好のタイミングなのですが、惣左衛門はそこまで読んでいたのでしょうか。

会津藩への訴状の出し方が、これまた巧妙な手段を取っています。享保年間の南山御蔵入騒動のときのように、権力者に向かって最初から歯をむき出すような行為は取っていません。下手に出て、遠くの方から、やわやわと近づき、相手の出方によって、あたる強さを変えていくのです。

長い時間をかけて練り上げたシナリオにそって、惣左衛門は一歩ずつ大芝居を進めていったのです。

乏しい史料に私の仮説を加えながら、その過程を述べてみましょう。

会津藩主容頌《かたのぶ》の補佐役を務める松平容章《かたあきら》の用人に、相馬九兵衛というものがいました。彼は中世の金山谷領主山ノ内家と縁のある人物だったので、惣左衛門はそこを突破口としたのです。

彼が最初に訪ねたのは、補佐役松平容章の屋敷でした。そこで用人相馬九兵衛を呼び出したところ、用人部屋に通されます。そこで惣左衛門が申すには、「この度、南山百姓共も残らず公儀へ申し上げ候趣につき、先ず私一人罷り登り候処、この儀、表向きな相成り候ては如何と存じ寄る筋もこれ有る寸志に御座候」と切り出し、「御前様へお取次ぎをお願いしたい」と願い出たのです。

詳しく解説すると次のようになります。

「御蔵入《おくらいり》の百姓たちは、今まで溜め込んだ様々な不満をまとめて訴状を作り、会津藩や幕府へ差し出そうとする動きが起こっています。百姓たちが決起すれば、大きな騒動になることでしょう。そうなると武士も百姓も大変苦労しますので、本日は私一人内々で訴状を持参しました。結果を持ち帰って、百姓たちを宥《なだ》めたいと思っています。

宥めるにあたっては、少々金子が必要でございます。さよう、千五百両ほどご準備くだされば、私奴が南山の百姓共に分配して、騒動など起こさぬよう宥めてごらんにいれます。

お殿様にお取次ぎくださるよう、なにとぞよろしくお願い申し上げます」

御蔵入《おくらいり》の百姓たちには不満は沢山あったでしょうが、まとまってお上に訴えようなどという動きは、全くありませんでした。

代々郷頭を務めてきた家に育った惣左衛門は、武士たちが百姓たちに行った悪政と不正の数々を知っていました。何とかして会津藩を揺さぶってやろうと心に決めた日から、江戸と郷里金山谷の間を何度か行き来して、八～九年の歳月をかけて丹念に調べ上げたのでしょう。金山谷で仕事をすれば、密告される恐れがありますので、主な作業場は彼を知る人のいない江戸であったろうと推察するのです。

しかし、九兵衛は惣左衛門の訴状を受け取ろうとしませんでした。

「私は松平容章《かたあきら》様の用人であって、藩の政治に関与しているわけではないので、受け取るわけにはまいりません。

ただ、今ちょうど会津で役人を務めている神尾大蔵が江戸に上ってきて在府中ですので、その方にお願いするとよろしいと思います」

と答えた上で、訴状を出すような行為は慎むよう諫めたのですが、効き目はありませんでした。

「何をおっしゃいますか。この訴状の中には、神尾大蔵殿が関係している不正事件も書いてあるのですぞ。握り潰されるに決まっている。

今、私がここで切り殺されれば、さる方にお願いしてあるこの訴状の写しが、幕府勘定所へ差し出される手はずになっているのですぞ」

事の重大さを感じ取った九兵衛は、答えました。

「それでは、私がこの書付を預り置くことにしましょう。後ほど、折を見て容章《かたあきら》様にお取次ぎいたします」

何とかその場を収めて、惣左衛門を引き下がらせました。

主人に差し出す前に、ざっと目を通しておこうと書付を開いた九兵衛の顔色が、見る見る変わったことでしょう。

会津藩の約五十年間にわたる御蔵入《おくらいり》施政に関する意見と問題点が、詳しい裏付けの資料を添えて、七項目書き並べてありました。

その内容をできるだけわかりやすく、要約して書き出してみます。

一、享保七年（一七二二）より宝暦五年（一七五五）までの三十三年間、扶持《ふち》米《まい》の値段違いのこと。

（「扶持米について」

保科正之は、南宋の朱子が創設した社倉法を会津藩に導入しました。社倉には米を備蓄しておき、災害・飢饉・新田開発など非常時に対応して、その米を貸し出したのです。

御蔵入《おくらいり》地方の百姓の場合は、秋に年貢を納めると、次の収穫時まで食べるための米が不足するため、社倉から米を借りて生活していました。百姓たちは次の収穫時に、利息を付けて返済していたのです。利率は基本的には二割でしたが、米ではなく銭で返していた御蔵入地方の場合は、度々変動していました）

即ち、百姓よりは利子を高値で納めさせ、幕府へは既定の安値で納め、会津藩はその差額を取っていたことを我々は知っています。《不正の指摘》

二、宝暦五年（一七五五）より四年間、御蔵入《おくらいり》は凶作で餓死や離散によって、人口が一万人も減少しました。

それなのに郡奉行《こおりぶぎょう》からは何のお救いもなく、名主たちの取り扱いに任せたままでした。百姓たちは苦しんでいるので、何とかして欲しいと思っています。

《失政への不満》

三、凶作以来の餓死者や離散者の年貢が未納になっています。親戚や五人組に、工夫して納入するようにせよとおっしゃいますが、未納金は一万両にもおよび百姓たちはどうすることもできません。

先の利息の不正取り分を頂戴仕るよう、行動を起こす覚悟であると百姓たちは言っています。

《一揆の予告》

四、年貢は米納と金納とで上納するのですが、金納の割合は古来より金一両で三石二斗の割合で納入していました。

ところが、宝暦五年神尾大蔵様のご支配の年より、金一両では二石二斗となり一石ほど高値になったのです。

これはまさに、貧民から油を搾り取るようなご支配の仕方です。今後は、役所に取り置いた金子を、貧民に施すような仁政を布いていただきたいと思います。

《施政批判》

五、寛延三年（一七五〇）のこと。藩主容貞公二十七歳で御逝去。それより二ヶ月後に容頌《かたのぶ》公が襲封されましたが、この年に預り支配の取り上げも覚束なきこととのことで、私共郷頭は江戸幕府への直訴など、自弁の費用で数回にわたり奔走し忠勤に励んでおります。

そのため郷頭共困窮いたし、また後日は郷頭役も取り上げられ、あるものは居所を失い路頭に迷う有様です。

去年再度お預り地となっても、役儀は取り上げのままとはどういうことですか。

深くお恨み申し上げます。

《施政批判》

六、享保三年（一七一八）のこと。享保金にて四百両余りを月二十両一分の利息というお約束で、郷頭共は藩へ御用立てしたのですが、未だにご返金もなく元利合計すると四千両にもおよんでおります。そのため私共元郷頭は困窮し、下男・下女八～九人ほど召し抱えていたのですが、現在は一人も置かず、田畑を質入れして生活している有様です。何とかしていただきとうございます。《四十六年前の貸金返済要求》

七、宝暦五年（一七五五）幕府直轄領となり、代官は江川太郎左衛門となりました。そのとき、私共郷頭から郷頭職と名字帯刀を御取り上げになりました。郷頭職が廃止されたことは、正徳三年（一七一三）にもございましたが、南山御蔵入地方は石高不相応に村数多く、代官所の御用が差し支えるということで、すぐさま取り止めとなったいきさつもございます。

預り領となり会津藩のご支配となった今、郷頭の復職のご沙汰がないことをお恨み申し上げます。

《郷頭職廃止への恨み》

以上七件は、郷頭同士で話し合ってしたためたものであるとして、惣左衛門は差し出したのです。

このような訴状を幕府勘定所などへ差し出されたら、「お所替え」（転封）くらいは覚悟しなければならない内容であることは、九兵衛にも察しが付きました。九兵衛は、取り急ぎしかも内密に、事の次第を容章《かたあきら》に知らせたのです。

五代容頌の補佐役であった容章も、内容を見て慌てました。およそ五十年も前の借金や三十三年間におよぶ扶持米に関する不正などがあからさまになったら、藩のお取り潰しもあり得ることです。

五代容頌も成長したので、間もなく補佐役を降りることができそうな時期でした。ここで、容頌公に傷をつけることはできません。内密に穏便に事を収めて、来年には容頌公に正式に五代目を継いでいただき、少々緩んできた会津の箍《たが》を、しっかりと締め直してほしいと考えていたからです。

容章は江戸在府の藩の重臣である梁取三左衛門や木本九郎左衛門らを呼び集め、意見を求めて善後策を講じさせました。

結果、長期にわたって藩と百姓たちの間に立ち、様々な問題を処理してきた在府中の神尾大蔵が呼ばれたのです。そこで神尾大蔵が答えた内容の記録が残っています。

箇条書きにして、わかりやすく要約してみます。

一、扶持米の利息の差額は、役人たちが不正をしたわけではない。差額を貯めておいて、凶作のときの貧民救済に使う御備え金としていた。享保七年（一七二二）以来三十余年の間、一年間で三百両ほどになり合計一万両くらいだった。しかし、この金は寛保二年（一七四二）に藩から出したお救い金の中に含めて、四千両余りを支出している。その後の様々な手当金と合わせると、一万三千五百両余りを藩から出して百姓たちに渡している。

《数字が曖昧。村役人である郷頭や名主の同意を得ていない。証拠がない》

二、南山の郷村の村役人は甚だ不埒《ふらち》で、惣左衛門のせがれ新左衛門はじめ楢原組郷頭星惣右衛門、尾岐組郷頭長嶺義右衛門などは、未進金が嵩みそれぞれ七百両を超し、三人を除いた実直な郷頭たちも四〜五十両の未進金を持っているような状態である。

《未進金とは、納めるべき年貢が様々な理由で納められず、年々蓄積していく藩への借金のこと。

疫病で一家が死に絶えたり、耕作地を放棄して姿を消してしまったりした場合、五人組や親戚たちがカバーするのだが、それでも納めることができない場合は、それぞれの郷頭の借金として記録された。皆で努力してそれでも発生してしま

う数字なので、当時の百姓たちにとっては、いわゆる「借金」という感覚はなかったのではないでしょうか》

三、南山の百姓たちが難儀をしている原因は、郷頭持ち分の田畑の年貢をはじめ、諸課役を百姓たちに負わせ、私用のために労役を課しているからである。

四、郷頭の給分はわずか七～八石の身分なのに、日常の暮らしぶりは二～三百石取りの武士よりも大振りである。宝暦五年（一七五五）に郷頭職が停止になったとき、百姓たちが大いに喜んだのはその証拠である。

などと前置きし、惣左衛門の七項目の申し立てに対して、こまごまと反論してみせました。そして、最後に、もしこのことで惣左衛門との話し合いが崩れて公儀への訴えとなったときは、私がすべてを引き受け身を粉にして会津藩の潔白を明らかにいたしますと、強く申し出ています。

補佐役松平容章《かたあきら》を筆頭とする江戸詰めの会津藩役人たちは、惣左衛門の訴状と神尾大蔵の存寄書（意見書）を国元へ送り、藩の加判の者（重臣）の裁断を仰いだのです。

重臣たちは、惣左衛門を説得して思いとどまらせようとする方法を選びます。中世の金山谷の領主であった山ノ内氏ゆかりの者を頼んで、江戸へ向かわせました。会津若松城下に住んでいた、和田仁兵衛という人でした。御用金十両を持たせられ、「上州妙義山参詣」という名目で江戸へ旅立ち、惣左衛門を訪ねたのです。

惣左衛門と以前から顔見知りの間柄である仁兵衛は、あるいは叱りあるいは宥《なだ》め言葉で諭そうと試みましたが、惣左衛門の心は動きませんでした。

「千五百両の金子なくては、極窮の百姓たち明日を取り続くこと兼ね候」の返事を繰り返すだけだったと伝えています。

『家世實紀　巻之百八十五』明和元年（一七六四）八月二十一日の項は、「無事ニ内済之相調ウ」と結ばれています。

会津藩の上層部は、すでに破綻している藩財政にも拘わらず、千五百両という大金を惣左衛門に支払ったのです。何処にも記録は残っていませんが、現金を渡すときに交わされた会話は、推理することができます。おそらく「他言無用・江戸逗留」が、条件だったのではないでしょうか。そして、惣左衛門のその後の日常は監視者が付きまとい、つぶさに報告されていたことでしょう。

明和元年（一七六四）八月二十一日以降、惣左衛門の名は『家世實紀』には二度と出てきません。御蔵入の公式の歴史からは、惣左衛門の名は消えてしまいます。千五百両と共に、惣左衛門は江戸の町の人ごみの中に紛れ込んでしまったようです。困窮する金山谷の百姓たちと、千五百両を分け合ったという伝承も存在しません。

江戸時代の千五百両という金額を、現在の貨幣価値に換算したらどのくらいになるでしょうか。どんぴしゃりというわけにはまいりませんが、江戸時代中期の明和元年（一七六四）ですから一両は八万円として、一億二千万円前後というところでしょう。

それにしても、「他言無用」だったはずのこの出来事は、惣左衛門が会津藩から大金を強請《ゆす》り取ったという噂話となって、何年にもわたって語り伝えられたようです。四十八年後の文化九年（一八一二）、蝋漆問題で江戸幕府直訴を企てた川島與五右衛門が、「世間では私が惣左衛門のように、大金を強請ろうと思って行動したのだろうなどと言っているが、決してそうではありません」などと友人に手紙を送っています。惣左衛門の行動は、会津一円に流布されていたのでしょう。

「宥め金」などと記録しておきながら、会津藩の重臣たちは「惣左衛門は、会津藩を強請った」などという噂を、岡っ引きなどを使って流させたにちがいありません。惣左衛門を悪人とすることで、自分たちの保身を図ったのです。保身ということに関しては、会津藩上層部は天才的な能力を保有しておりました。

会津に残された惣左衛門の子供たちや孫たちは、肩身を狭くして生きてきたのにちがいありません。もしかしたら、末裔たちは心の奥に、今でもそのような思いを抱かれておられるかもしれません。

「脅して強請った」という結果になってしまいましたが、惣左衛門は七十年の生涯で得た経験と全知全能をかけ、命を捨てる覚悟で武士階級の理不尽な施政に立ち向かってみせたのだと、私は思いたいのです。決して、恥ずべき生き方ではなかったということです。

中世の会津で、蘆名一族と覇を競った山ノ内一族の末裔にふさわしい生き方だったと思っています。

千五百両の現金を手にする以前までは、帰郷したら大石組《おおしぐみ》の名主たちを集めて、配分について相談しようと思っていたにちがいありません。凶作によって飢え死に者が出るような状態であるのに、何の手立てもしようとしない会津藩への怒りに燃えていたはずです。

会津藩が千五百両の大金を渡すとき、どんな条件を付けたのかは、どこにも記録されておりません。「他言無用」という条件は、私の想定です。その他にも、必ずいくつかの条件が付いていたはずです。「もし他言したら、一族全員を入牢させる」くらいのことは言われたにちがいありません。

金山谷に帰って組中の百姓たちと大金を分け合うという思いは、この時点で萎えてしまったのかもしれません。

ただ、気になることが一つあります。郡奉行《こおりぶぎょう》神尾大蔵が、補佐役松平容章たちに意見を聞かれたとき、惣左衛門に千五百両を渡しても、彼が自分のものにするだけだから止めた方がいいという意味の言葉を発しているのです。切れ者の能吏であった神尾は、何かを感じていたのかもしれません。千五百両を手にした惣左衛門は、その後、江戸に住んでいたと思われるのですが、彼の名前は会津の公式史料には見つかっておりません。

令和三年（二〇二一）五月七日、五ノ井家の先祖が書き綴っていた『年代記』を読んでいた私は、惣左衛門に関する記述を発見しました。

安永四年（一七七五）の項に惣左衛門死没について記載されておりました。

「この年、江戸において大石隠居中丸惣左衛門殿、六月六日御死去なされ江戸葬礼。また此の方にても七月十二日に葬式大石に御座候。八十一歳にて死去」。

『年代記』は、個人の日記のようなものですので、世間の噂話をもとに書き留めたことでしょう。

それにしても、様々な疑問が湧いてきます。惣左衛門の葬礼を仕切ったのは、いったい誰なのでしょう。金山谷大石《おおし》には、誰が遺骨を運んできたのでしょう。会津藩から千五百両を受け取ってから、約十年の月日が経過しています。その金は、全部使いきってしまったのでしょうか。現在の金額に換算すると、一年間に一千万円以上を使わなくてはなりません。

こんな推理が成り立ちます。

惣左衛門が江戸に住むようになったのは、六十五歳前後だったと推察しています。七十歳までに訴状を作り上げると決めた惣左衛門は、一人暮らしであったことでしょう。郷頭時代の資料と記憶を頼りに、見事な訴状を作り上げたのでした。会津藩の上層部の人間が見て、これは握り潰せないと思わせたのですから。

その訴状を振りかざして、一生一代の一人芝居を打って見せたのです。会津藩がこんな簡単に、千五百両を差し出すとは思っていなかったでしょう。

ここからは私の想定ですが、もし斬首されたら、準備した訴状のもう一通が、江戸幕府の勘定所へ投げ込まれるよう、手を打っていたはずです。

その依頼された相手が、女性であったら非常にドラマチックな話になります。命を懸けて困難な物事を達成しようとする惣左衛門は、六十歳半ばを過ぎていたといえ魅力的なオーラを発しながら行動していたことでしょう。

そしてその女性が、彼の身辺の世話をしてくれていたとしたら、惣左衛門の支持者である私にとっては、非常にうれしいことなのです。女性がいたと仮定して、その名は「お駒」としておきましょう。

もしかして、有能な役人であった郡奉行《こおりぶぎょう》神尾大蔵は、江戸へ出た元郷頭中丸惣左衛門の行動を、密かに探らせていたのかもしれません。会津藩上層部が、千五百両の「宥め金」を渡すかもしれないという気配を感じたとき、彼に金を渡しても百姓たちには渡らないと言い切るには、何か根拠が必要であると私は思っているからです。神尾大蔵は、お駒の存在を知っていたのかもしれません。

訴状を会津藩に差し出す以前の惣左衛門の心は、大きく波打っていたにちがいありません。

もし打ち首になったり、入牢させられたりしたら、訴状の控を幕府勘定所に投げ込むよう、手順や場所を教え込んでいたことでしょう。彼女への何がしかの礼金も準備しておいたにちがいありません。

大金を手に入れることができたら、金山谷大石組《おおしぐみ》に凱旋する姿も思い描いていたことでしょう。十八～九人の名主たちと兄弟や親戚たちを集めて大宴会を開いたら、英雄扱いされる夢も描いてみたことでしょう。

そしてもう一つの夢は、瀟洒な家を買い求め、けなげにも一生懸命に身の回りの世話をしてくれたお駒と、静かな余生を過ごそうという思いも持っていたはずです。

密かに大金を手渡され、「他言無用・江戸逗留」を条件とされたとき、お駒との余生に傾くには時間はかからなかったことでしょう。事件の意外な展開に、お駒は顔を上気させて惣左衛門に抱き付いたかもしれません。

会津藩の監視者が付いていることを知っていましたので、その後二人は小さな家を買い求め、目立たぬよう密やかな暮らしを営んだことでしょう。もしかしたら、最後の二年間くらいは介護される生活だったかもしれません。介護されながら惣左衛門は、金山谷の故郷の墓地に埋葬されることを懇願したと思います。

安永四年（一七七五）六月六日に死去し、江戸では葬礼を実施したと『年代記』に記録されています。葬礼の主催者はお駒、参列者は誰だったのでしょうか。遺骨の大部分は海に撒かれ、喉仏などを小さな壺に入れて背負い、お駒は金山谷の地を訪ねたことでしょう。

金山谷の中丸家は、嫡男の新左衛門が復活した郷頭職を継ぎ、孫の勝助も郷頭職を継げるくらいの年齢になっていました。お駒は二人の力添えを得て、金山谷での葬式を済ませると、江戸へ帰っていきました。

持ち家と多額の遺産を手にしたお駒は、江戸の地で天寿を全うしたのではないでしょうか。

末裔がいらっしゃるかもしれません。お会いしたいものです。

令和三年（二〇二一）六月六日、金山町大志集落に惣左衛門の墓を捜しに向かいました。中丸家の墓は、会津只見線の線路の側にありました。只見川を挟んで越後山脈と対峙する位置に、群立しておりました。

元々は広い土地に、間隔を置いて建てられていた墓石群だったのでしょうが、一坪くらいの土地に隙間なくまとめられておりました。末裔たちは金山町を離れておりますので、どなたかが、世話をなされているのでしょう。雑草もなく、整然とした一画になっていました。

惣左衛門の墓石は、すぐにわかりました。

正面には戒名「霊壽院雄山岳英居士」

裏面には「新左衛門俊庸父」

中丸惣左衛門の墓（金山町大志）
惣左衛門の卒年は、文献では安永４年、墓石では安永２年。２年間の差がある。

向かって右側面には「安永二年癸己六月六日」

嫡男新左衛門の墓石も見つかりました。しかし、孫勝助の墓石は現在のところ不明です。

『年代記』の記述と墓石の没

年に、二年の誤差があります。「墓石の方が正しい」といいたいところでしょうが、どちらが正解なのかは確信が持てません。

なぜなら、こんな事件があったからです。安永七年（一七七八）、会津藩は大石組《おおしぐみ》郷頭勝助を入牢させます。容疑は「未進金が多額になりすぎている。郷頭としての役目が、疎かになっている」ということであると『年代記』には記述されています。

七月四日には親である新左衛門が逮捕され、勝助は釈放されます。多額の未進金は、新左衛門が郷頭の時代に発生したと、会津藩が判定したからでしょう。入牢させられた新左衛門は、その月のうちに牢死します。年齢は五十歳半ばでした。病弱であったのか、それとも拷問に耐えられなかったのかはわかりません。罪人であったため、黒川（会津若松市）の牢内に仮埋葬されたと伝えられています。

前述したように、御蔵入《おくらいり》地方の各組は、以前から多少の未進金は持っていました。『年代記』によれば、宝暦や天明にかけて冷害や日照りのため作柄が悪く、逃亡者や自殺者が多くでたため、年貢を納めることができない状態が続いたからです。大石組《おおしぐみ》の未進金は、他の組と比べても、突出していたのです。

惣左衛門が起こした事件の性格から、亡くなってもすぐに墓を作ることは許されず、後世になって作成されたものかもしれないという恐れもあります。『年代記』は、人々の口の端に上った噂話を、日記のような形で書いた私文書ですので、こっちが正しいともいいかねます。今のところは、惣左衛門の死亡年については二つの説があるとしておきましょう。

最後に、この一件に関わった御蔵入郡奉行《おくらいりこおりぶぎょう》神尾大蔵のその後について、一言触れておきましょう。

神尾大蔵は宝暦五年（一七五五）より御蔵入郡奉行を務め、宝暦十三年（一七六三）よりは、越後国魚沼郡七万石の郡奉行を兼ねるほどの能吏でした。しかし、明和元年（一七六四）九月ごろ、神尾は二地区の郡奉行の職を取り上げられ、無役組となったと伝えられています。そのとき、魚沼郡では善政を行っていた神尾のために、復職を願う百姓たちの願書が会津藩に提出されましたが、願いは聞き入れられませんでした。

その上、明和四年（一七六七）田島村の百姓たちが、御蔵入《おくらいり》地方を会津藩の預り地ではなく、幕府の直轄地にして欲しいという趣旨の願いを江戸幕府に直訴します。

神尾は「惣左衛門」と「田島の百姓たち」の二つの事件に関わったという理由で、明和六年（一七六九）に切腹刎首の刑に処せられます。

「右品御穿鑿《せんさく》の上にて、御奉行神尾大蔵様御切腹仰せ付けられ、その外御奉行付の御役人衆、多数死刑もこれ有り、御役儀召し上げられ浪人されるもこれ有り候」と、『年代記』には記録されております。

会津藩の上層部は、藩内に大きな問題が起きると、担当させた有能な部下に責任を負わせて命を絶たせ、会津という土地にしがみついて存続してきたのです。

惣左衛門が亡くなってから今日まで、二百五十年近くの歳月が流れていきました。『家世實紀』や『年代記』によってこの出来事を知り、詳しく調べられた方々も鬼籍に入られて、教えてもらうこともできません。私がもう二十年早く気付いていたら、もう少し手掛かりもあったはずです。

「惣左衛門さん。あなたの存在に気付くのが遅れて、申し訳ございませんでした。会津の百姓たちに過酷な施政を行って、何処かへ消えていった近世の武士集団の愚行を人々に気付かせるために、もう少し力を振るってみようと思っています。

私も年を取って、八十六歳になりました。少々生き過ぎたと思っております。間もなく店じまいのときが迫っております。そちらの世界へ行ったときは、おそばに席を用意しておいてください。心行くまでお話をお伺いいたします」。

黒川（会津若松）の自宅の庭に咲いていた遅咲きのスイセンを一本墓に手向けて、長い祈りを済ませました。

参考資料

『会津藩・家世實紀』家世實紀刊本編集委員会
『金山史談』第12号「宝暦・明和・安永　大石組事件帖」渡邊良三作　金山史談会

白虎隊の真実に生涯をかける

語り部　井上昌威《よしたけ》

第二部　「白虎隊物語」に立ち向かった男

〜語り部　井上昌威《よしたけ》〜

一、井上昌威《よしたけ》氏との出会い

私が井上昌威氏に出会ったのは、今から二十五、六年前六十代の後半のことである。上杉景勝と直江兼継が、夢半ばで去って行った会津若松市の神指城本丸跡が荒れ放題になっているので、何とかできないかと相談を受けたことがきっかけだった。

井上氏は一週間に一度は訪ねてきて、二時間余におよぶ熱弁を振るう熱心さを見せたものである。神指城本丸跡は国指定級の遺跡であるのだが、私有地であったので、所有者の許可がなければ手を付けることができなかった。当時、土地の所有者と行政の関係がよくなく、雑木が跋扈《ばっこ》するままの荒地であった。

「興味ある人たちが立ち寄れる場所にしたい」。情熱的な井上氏が、所有者の許可を取るのに時間はかからなかった。立ち木伐採の道具と伐採の経験を持っていた筆者と開発に燃える井上氏は、神指城本丸跡に生い茂っていた雑木二百本余りを、半月くらいで全て切り倒し見学コースを作り上げた。

井上昌威氏近影
筆者は“戊辰戦争の語り部”と呼んでいる。人並外れた記憶力の持ち主である。

神指城本丸跡の整備が終わったころから、来宅する井上氏の話題は白虎隊の話に切り替わっていった。

かつては御蔵入《おくらいり》地方と呼ばれていた金山町出身の筆者は、会津若松人の語る戊辰戦争話が嫌いである。登場する人物は皆取りすましていて、女も男も聖人君子面をしている。行動はみな立派で非の打ちどころもない。白虎隊の話も同様である。自刃する前に漢詩を吟じたり、母親の詠んだ和歌を朗詠するなど芝居がかった場面が伝えられている。

会津若松人の語る会津藩に関する話は歴史ではなく、どちらかといえば信仰に近いものであると筆者は感じている。

会津若松人の多くは、会津藩士全員が武士道のサンプルのような人たちであったと考えているようだが、その歴史認識は誤りである。

井上氏の白虎隊談義が始まると、

「あっ、また始まったか」

という感じで相づちを打ちながらも、その殆どを聞き流していた。

三年ほど前のことである。強清水の供養山には、白虎隊士六人の墓があると言い出した。

「誰が埋まっていんのよ」

筆者が疑いの念を込めて質問すると、井上氏はメモを見ることもなく、すらすらと六人の氏名を並べた。

「姥山で戦死したのは、池上新太郎・津川喜代美・伊藤俊彦の三人。新四郎堀で戦死したのは、石田和助・伊東悌次郎・津田捨蔵の三人」

今どき、およそ百五十年前に戦死した白虎隊士の名前を、即座に並べられる人に出会ったのには驚きだった。

一番気になったことは、井上氏の言うことが真実であったなら、現在、全国に流布されている飯盛山における白虎隊十九人自刃説は、音を立てて崩壊することになる。

筆者がその危惧について話すと、井上氏は答えた。

「飯盛山で自刃したのは、十九人でもないし十六人でもない。六人です。あとの十三人は各地で戦死して、現地に墓石が存ります」

現在、白虎隊の自刃の様子は、どう伝えられているのか。飯盛山の売店で売られている『白虎隊物語』山口弥一郎著（P11）には、こう書かれている。

（この惨状をまのあたりに見て、はりきって逃れてきた一同は、全く力抜け、しばらくは交す言葉もなく、皆悄然とたたずんでしまった。

実は昨夜から何一つ食べていない。着物はぬれきっている。身も心も疲れはてて、ようやくたどりついた飯盛山上よりのながめがこの惨状である。

誰いうともなく、

「力は尽きた。君公のいます鶴ヶ城は既に猛火に包まれている。われわれの帰るべき道は、また敵に扼されている。われわれの務めも早やこれまでである。一同潔く自刃して同僚の士と黄泉に於て再会しよう。」

これに異議をはさむ者はなかった。自刃ときまると、一同の顔は急に明るくなった。

篠田儀三郎は日頃愛誦の文天祥《ぶんてんしょう》の詩を高らかに吟じだした。石田和助はこれを聞き深傷に悩んでいたが急に元気を出し莞爾《かんじ》として、

「人生古より誰か死無からん。丹心を留守して汗青を照らさん。」

とついだ。誦し終ると、

「手疵が苦しいからお先に御免。」

といいざま。諸肌を脱ぎ、刀を腹に突きたて見事にこれを引き廻して前に伏した。これを見た篠田儀三郎も後れじと喉を突いて倒れた。

飯沼貞吉は小刀をぬいて、同じく喉をついたが、何かにつかえるような気がして切先が後へ出ない。更に突き直したが通らないので、傍にあった岩石に脇差の柄頭をあて、切先を手探りに血潮の流れ出る傷口におしこみ、岩石の両側に生えていたつつじの根本を両手でしかと握りしめて、満身に

飯盛山白虎隊自刃の地
下段の平場では５人、上段の平場では１人が自刃したと伝えられている。

力をこめて、ぐっと前に下体を突きだした。

　林八十治と永瀬雄次は、日頃仲がよかったので刺し違えて死のうと、互いに試みたが、永瀬は先の深傷で既に力なく、林はさらに傍の者に、

「介錯を頼む。」

と叫んだ。野村駒四郎これを見て、さらばと後へ廻り、これを介錯すると自分も亦腹をほふって倒れた。

　かくして飯盛山にたどりついた白虎隊の二十人は、壮烈な自刃を遂げたのであった。）

この本は昭和三十四年（一九五九）九月二十三日に第一版が発行され、平成二十七年（二〇一五）五月二十八日には第二十八版が世に出ている。おそらく、日本全国に行き渡っていることだろう。

この自刃の場面に関しては、現在発行されている白虎隊物語の殆どが、この本と類似した書き方をしている。

しかし、井上氏の調査・研究によれば、白虎隊の自刃に関しては、このような場面は存在し得ないのだという。

それでは、井上氏はどのような調査・研究をしてきたのだろうか。

筆者は巷《ちまた》で語られている白虎隊の話は、余りにもうまく出来過ぎているので、以前から歴史ではなく物語であると思っていたから、深く追及しようとは思っていなかった。井上氏の語りをしっかりと聞いてみると、彼が聞き集めてきた伝承の裏には、真実の歴史があるのではないかと思うようになった。

令和四年（二〇二二）九月には、私は八十六歳になる。いつ死んでも不思議ではない。井上氏は八十七歳。二人とも意識のあるうちに記録を残しておかなければ、白虎隊は作られた物語のまま後世に残ることになるだろう。そのままでも良いのではないかとも考えた。

白虎隊物語の原点になる話は、会津戊辰戦争後東京で噂話となって、その後会津に伝えられ、様々な人たちの思いが絡まって、現在のような物語になったことがわかってきた。

この話が現在の形のまま後世に伝わったとしても、何の支障もないのではないかとも思ってしまう。しかし、物語化しているので、歴史としては問題点がある。飯盛山の観光案内人たちの中には、飯盛山に辿り着いた十九人の少年たちが、城下の街並みが燃えている様子を見て、鶴ヶ城が落城して主君松平容保も絶命したと思い込み、主君と命運を共にしようとして自決したなどと語っている人もいる。

白虎隊の生き残りの末裔が中心となって、少年たちは主君の後を追ったのではなく、武士道のセオリーに従って辱めを受けないために切腹したのであるという説を定着させようと、行動を開始している。それはそれで良いと思う。

筆者が気にかかっているのは、白虎隊物語と墓地を観光資源として生活をしている数多くの人々が存在することである。白虎隊物語が、いつまで観光資源としての命を保つことができるだろうか。

一寸メスを入れただけで、白虎隊物語には様々な矛盾があることがわかってしまう。二十一世紀を生きる人々を、虚構の物語で観光に呼び込むことはできないのではないだろうか。誰かが歴史の真実を知っていて、今後進むべき道筋を示唆しなければならないのではないだろうか。

そのためには、井上氏の生涯をかけた白虎隊の調査・研究を、後世に残さなければならない。そんな独りよがりの発想で、この一篇を綴ってみようと決心した次第である。

二、井上昌威《よしたけ》氏の生き方

先ずは、井上氏が現在までどんな生き方をしてきたかを、簡単に紹介しておこう。

井上昌威氏は、昭和十年（一九三五）一月二十九日会津若松市駅前通り大町名子屋町の右道、旧糠塚通りで誕生した。母親は会津若松市内の生まれで、髪結いを生業《なりわい》にしていた。父親井上博氏の生まれは四国の徳島市で、二人の出会いについては詳しく聞いていない。後で知ったことだが、巴御前と繋がりのある家系らしい。井上家の家紋は、巴紋である。

二人の三男として誕生した昌威氏の面倒を見たのは、祖母であったという。

歴史好きだった祖母に連れられて、白虎隊自刃の遺跡飯盛山に何度も連れて行かれた記憶があると語っている。

母親は会津若松市に駐屯していた二十九連隊専属の髪結いであり、戦地に赴く兵士が数多く結婚式をするために忙しかった。父親は保険の仕事をしており、不在がちであった。学校から帰宅するとランドセルを放り出して、夕方までがき大将たちと外で遊んでいるのが日常だったという。

その遊び場所が、主に飯盛山あたりだった。坂を駆け上ったり木に登ったり、ときには木の実を取って食べたりしていた。

当時、飯盛山の白虎隊墓地には、線香を売りながら墓地の管理をしているばあちゃんが常駐していた。面倒を見てくれた祖母のしつけで、井上氏には白虎隊士の墓地の門前では、手を合わせてお祈りをする習慣が身についていた。小学校三年生だった井上少年の祈る姿を目にしたばあちゃんが、声をかけてきた。

「坊や、おめ何年生だ」

「城北の三年生です」

「名前は、なんちゅうだ」

「いのうえ　よしたけです」

「なかなか感心だ。

ようし。お前はここで遊んでいいぞ」


彼が会津若松市立城北国民学校へ入学したのは、昭和十六年（一九四一）四月のことである。

当時、白虎隊墓地は参詣目的でなければ、入ることのできない聖地であった。小学校三年生が、管理人であるばあちゃんからフリーパスを頂いた稀有《けう》な事例であった。長ずるに従って、白虎隊にのめり込むきっかけとなったのは、この出来事であった。

井上氏は、幼少時代から胃腸に問題があり、学校に通うよりは病院にいる時間が多かったらしい。中学生になっても健康面の問題が多く、学習に集中できない日々が続いていた。

会津若松市立第一中学校を卒業した井上氏は高校進学をせず、市役所近くの文具販売の商社に就職をした。外回りの営業を担当し、商品を自転車の荷台に積むのは勿論のこと、風呂敷に包んで背負ったりハンドルにぶら下げたりして、役所や大きな病院や学校などを訪問して売り歩いたという。

勤勉で記憶力抜群の井上氏は、売上を上げて商社の重要人物になっていった。

昭和三十一年（一九五六）四月、飯盛山の中腹に「白虎隊記念館」が設立されると、時間を見つけては通い詰めた。このころから二十年くらいたった昭和五十年代のある日、例によって記念館の展示物を見ていると、後ろから声がかかった。

『史実 会津白虎隊』早川喜代次著
昭和51年（1976）８月10日に第１版が発刊された。古書店を巡り歩いて、ようやく手に入れた一冊。

「お前、白虎隊好きか」

振り向くと、当時の記念館の館長早川喜代次氏の姿があった。何度か顔を合わせてはいるが、話したことはなかった。

「はい。好きです」

「何度も来てくれてありがとう。これくれっから、読んでみておくれ」

早川館長は、一冊の本を差し出した。

『史実会津白虎隊』早川喜代次著と書いてあった。価格は一八〇〇円。当時としては、かなり高額な値段であった。

恐縮して頂き、今でも本棚に飾ってあるという。

井上氏が勤める商社と白虎隊記念館長早川氏の住まいが近かったこともあ

り、早川氏は商社に度々足を運んできた。井上氏を捕まえては、会津戊辰戦争の様々なエピソードを語り聞かせてくれた。

その内容は、本や資料にも書いてない事柄ばかりであった。

「これらの話は、物証がねえんだよなあ」

「口伝《くでん》だけでは、歴史とはいえねえんだよなあ」

早川氏のいかにも残念そうな表情が、今でも心に強く残っているという。

「こんなのもあんだぞ」

活版で印刷された、一枚の紙が手渡された。

同じ内容のものが、白虎隊記念館に額入りで展示されていたのを見た記憶があるという。

自刃したとされる十九人の白虎隊士の名が、いろは順に書き連ねてあり、どこでどんな死に方をしたかが書かれていた。

井上氏は言葉を失って、メモに見入っていると早川氏は言った。

「このことについて、詳しく知っている人が強清水にいんだ。電話しておくから、訪ねてみっといいわ」

このときから、井上氏の強清水通いが始まった。

早川氏が紹介してくれた強清水在住の古老は、井上氏を現場まで連れて行って、会津戊辰戦争時にそこで起こった村に伝わる伝承を、事細かに教えてくれた。十年以上は通ったという。古老はすでに故人となられた。

このようにして聞き集めた自刃した白虎隊士の姿は、巷《ちまた》に流布されているものとはかなり違うものになっている。

会津戊辰戦争から百五十年以上が経過した現在、白虎隊の真実の姿を知らせる必要があると、井上氏は行動を始めている。

平成二十六年（二〇一四）八月一日に発行された『会津人群像』第27号に、「白虎隊の真実」なる論文を発表した。それによると、飯盛山で自刃したのは六人で、十三人は戦死となっている。

その後、同じテーマで数多くの講演をしている。令和三年（二〇二一）八月には、稽古堂で実施した「会津葦名氏と天海大僧正展」のとき、特別コーナーを設置して、三日間「白虎隊の真実」のパネルを展示した。白虎隊飯盛山自刃六人説のパネルである。コロナ禍にも拘わらず、約四百五十人の観客が訪れた。同年九月二十五日にも、稽古堂まつりに参加してパネル展を開催するつもりだったが、コロナ禍のため中止となってしまった。

明治中期から巷《ちまた》に流布されている白虎隊十九人自刃説に、井上氏は真っ向から立ち向かっている。

『会津人群像』第27号
飯盛山での白虎隊の自刃者は6人であるという井上説を、最初に掲載した季刊誌。

不思議なことがある。『会津人群像』第27号は、二千部くらいは巷《ちまた》に流れたはずである。井上氏の講演を聞いた人は、二百人以上である。複数回のパネル展を見た人は何度も開催しているので、延べ六百人はいるはずである。それらの人々は、その後、白虎隊について黙して語らないのである。

現在、巷《ちまた》に流布している白虎隊物語は、明治時代の中期に創作されたものである。大東亜戦争（太平洋戦争）時代、軍部が介入して皇民化教育に利用され、動かしがたい事実と思われているため、井上氏の語る白虎隊の話は受け入れられないのかもしれない。

しかし、井上氏は残る人生をかけて、「白虎隊の真実」を語り続けようとしている。風に立ち向かって、日々を生きようとしている。風に立ち向かう男である。

三、会津藩の光と影

これから白虎隊を語るにあたって、白虎隊の属する会津藩と呼ばれている武士集団について、一言解説しておきたい。

白虎隊もさることながら、薩摩藩・長州藩によって「スケープゴード」にされた会津藩は、世間から同情的な見方をされ、美化されすぎた存在になっている。会津藩と呼ばれている武士集団の、真実の姿を知っていただかなければなるまい。

会津藩を仕切っていたのは二百家余りの高遠衆で、残りの下級武士まで含めた千三百余家の大多数は、最上に移封されたときに家臣として雇われ者たちの集団であった。江戸時代の多くの大名は、戦国時代を戦い抜いて生き残った、結束の固い家臣団を率いていた。会津藩は、その結束力に欠ける集団であった。

現在、会津藩と呼ばれている武士集団は、江戸時代に会津藩士などとは呼ばれていない。「藩」という名称は、明治元年（一八六八）の後半、地名に藩という名称を付けて呼んだ時期があり、明治四年（一八七一）の廃藩置県まで約三年くらい使用されたものである。それ以前の会津の武士集団は、肥後守家中などと呼ばれていた。藩という名称が使用され始めたのは肥後守家中が斗南へ追われていた時期にあたるので、正式には会津藩などという名称は存在しない。斗南藩ならあり得るといえる。

それがいつの間にか、「会津藩」で通用するようになった。それは「紀州藩」（和歌山藩）・「薩摩藩」（鹿児島藩）でも同じことがいえる。

ここからはわかりやすいように、会津藩に統一することにする。

前述したように、二百家余の高遠衆と呼ばれるグループが会津藩の中核であった。この高遠衆は、中世において特異な歴史体験を持っており、それが語り継がれて、高遠衆の精神構成に大きく影響していたと思われる。それは、現在の長野県伊那市高遠町に住む人々にも共通すると筆者は感じている。

天正十年（一五八二）のことである。高遠一帯は武田信玄の勢力下にあったが、信玄の死後武田家の力が衰えてきた頃合いを見計らって、織田信長が領地拡大を画策してきた。嫡男信忠に五万の兵を預けて、高遠城を取り囲んだのである。信長は七万の軍勢を率いて、後方に控えていたと伝えられている。

武田信玄はすでに亡くなり、武田家を率いていたのは武田信玄の四男武田勝頼であったが、強大化する織田信長に圧倒されて影が薄くなりつつあった。

中世のおかたの武士は極めて現実的な生き方をしていた。争いが起きると、負けそうな武将には味方しない。力のある武将のもとに身を寄せる。逃げるか敵方に寝返るかのどちらかを選んだ。

武田方からは、大勢の武士たちが身を引いていった。そのとき、高遠城に立てこもって織田信忠の前に立ちふさがったのは、武田信玄の五男仁科五郎盛信であった。

共に籠城したのは三千人と伝えられているが、家族を同伴した籠城であったので、正式な武士は千人くらいであったと推察される。

勝算はない。ここで勇壮な戦いぶりを見せて、武田の名を後世に残すことが籠城した武将たちと、盛信の目的であったと推察している。これが崖っぷちに立たされたときの、中世の武将たちの典型的な生き方なのである。

天正十年（一五八二）三月二日早朝卯の刻（午前六時ごろ）、織田信忠は高遠城への攻撃を命じた。仁科五郎盛信は、城には少数の兵を残し場外で戦う戦法をとった。

辰の刻（午前八時ごろ）までは何とか持ち堪えたが、高遠勢に疲れが見え始めると囲みが破れて、織田勢が城内に切り込んできた。敵味方入り乱れての乱戦となった。

当時、二十四～五歳だった盛信も、大刀を振るって敵に立ち向かったという。

鉄砲傷や刀傷を負った盛信は、家臣たちに支えられながら大広間に姿を現し、二間の大床にどっかと腰を下ろした。入り乱れて戦っていた敵味方の武将たちは、戦いを止めて城主盛信の次の行動を見守った。

仁科五郎盛信肖像　盛信は伊那市高遠町の人々からは今も英雄として崇められている。
（個人蔵、伊那市教育委員会提供）

盛信は、大広間で取り囲む武将たちを血走った眼差しで見回すと、大音声で叫んだ。

「汝ら、やがて武運尽きて、腹切らんときの手本とせよ」

鎧を脱ぎ捨て腹を露わにすると、左下腹に小刀を突き刺すと真一文字に右へ切り裂き、上へ切り上げて肋骨を二〜三本切断した。

内臓がどろりと流れ出すと、自らの手で引きちぎり、大床の白壁に叩きつけた。四筋の血潮と盛信の手形が、まざまざと残っていたと伝えられている。

介錯は、曽根原十左衛門《そねはらじゅうざえもん》という家臣が務めた。十左衛門は一刀のもとに盛信の首を切り落とすと、大刀を自らの口に咥え喉を突き通すと、うつぶして果てた。

その他の家臣たちは、どんな行動をとったか。

『高遠町史』は、こう伝える。

諏訪勝右衛門頼清の妻ハナは、長刀《なぎなた》をかざして敵兵の中に踊り込み、比類のない働きを見せた。やがて、自分の力が限界に近付いてきたことを悟ると、自らの懐剣を引き抜いて口の中に刺し込み、前に倒れ込んだ。懐剣の切っ先が首の後ろに突き抜けて、青白く光ったという。

十五〜六歳の美しい若衆の一人は、城中の弓矢をかき集めて台所に籠り、小さな窓から矢を放って、多数の敵兵を射倒した。矢が尽きると、大刀をかざして敵の中に切り込み、討ち死にした。

城主の切腹を知った籠城の武将たちは、家族を引き寄せ、自らの刀で親や妻子を刺し殺して敵の群れの中に切り込んでいった。

中世においては、敗者の壮年者・若者・女や子供は虜《とりこ》にして、「売る」という風習があったからである。

織田信長の祐筆であった太田牛一は、『信長公記』の中で、「高遠城の戦い

高遠城址（満開のタカトウコヒガンザクラ）
タカトウコヒガンザクラが紅色を帯びているのは、天正10年（1582）３月２日織田軍と戦って落命した、2,500人の高遠衆の血潮を吸い上げたからであると伝えられている。

は、前代未聞の次第なり」と述べている。

高遠衆は、中世の合戦の中でも比べる例がないほど、壮絶な闘いぶりをして見せたのである。

この合戦の様子は、生き残った高遠衆や近辺の武田家ゆかりの人々のよって、後世まで語り伝えられることになった。

高遠地区は、小高い山々に囲まれた街である。その山々の尾根に、仁科五郎盛信をはじめとして、合戦のときに討ち死にした主だった家臣たちが葬られている。

盛信の墓地の側には石像が作られ、高遠の街を見守っている。

天正十年（一五八二）から現在に至るまで、盛信は高遠町の人々の胸の中に生き続けているのである。

高遠衆の子孫である会津藩士の心の中にも、高遠城合戦の伝承が刻み込まれていたにちがいない。その証拠に、高遠城合戦のときと同じような行為が、会津戊辰戦争時にも行われている。

山本八重が敵に鉄砲を打ち込む行為は、台所から敵に向かって矢を打ち込んだ、若衆を意識していなかったか。

長刀《なぎなた》をかざして西軍に立ち向かった娘子軍などと呼ばれている中野こう子たちの脳裏にあったのは、長刀を振るって織田軍に切り込んだ、諏訪勝右衛門頼清の妻ハナではなかったか。

戦闘中に自刃した家老や若者たちの胸の底にあったのは、仁科五郎盛信の切腹姿ではなったか。

西軍が攻め込んできたと聞くや、家族を殺したり自刃したりした人たちは、天正十年の高遠城合戦を思い浮かべながら高遠衆の意地を貫いたのである。

およそ三百年前の高遠城合戦のときの出来事を、再現して見せたのである。再現させているのは、その大部分が高遠衆もしくは関係者である。あとから雇われた家臣の一族たちは、門田地区の御山集落や美里町高田地区の集落に避難した記録が残っている。

高遠衆の多くは、自分たちは武田武士の流れを汲む、誇り高い武士集団と思っていたにちがいない。会津人であるなどとは、思ってもみなかったであろう。

高遠衆の特色は、勇猛果敢な戦いをして見せることである。保科正俊は、武田信玄の重臣で槍弾正と呼ばれた槍の名手であった。嫡男正直と正之の養父である孫の正光《まさてる》は、勇猛さと策略を駆使して、戦国の世を生き抜いている。その高遠衆に「滅びの美学」の見事さを教えたのは、仁科五郎盛信である。

ここが、会津藩士と呼ばれている高遠衆の光の部分である。

影の部分とは何か。

最上に移封されたとき、多数の浪人たちを雇い入れて藩を構成したため、お互い知らぬもの同士が混在し、自分が他に先んじて出世しようという傾向が強かったという。良くいえば独立独歩の意思が強く、悪くいえば排他的な傾向が培われていったともいわれている。

「若者たちが馬で遠駆けをするとき、初めは共に踏み出し、途中で遅れるものが出ても顧みることなく、自分だけが駆け抜けていくというのが大部分であった」

と明治になって語った元会津藩士もいた。

今日的な目で見れば、

「当時でも保守的だった朱子学的考え方から脱却できなかったこと」

「時代に即した若者の意見を取り上げることができなかったこと」

「自分の意見に固執して、協調性が不足している幹部が多かったこと」

「新撰組などを雇い入れて、手荒い取り締まりを看過したこと」

「一揆などで反抗した農民を過酷な方法で罰したため、恨んでいるものが多数いたこと」

など、沢山の問題点を上げることができる。

侍としては見事なものを持っていたが、行政担当者としては合格点に達していないといわなければなるまい。

中世的なものの考え方から抜け出る時間を与えられないまま、激動の地である京都に駆り出されたのが、会津藩の不幸の根源であった。

四、会津戊辰戦争の伝承

筆者が井上氏の語る伝承の聞き始めは、十年ほど前のことであるが、真剣に聞くようになったのは三年ほど前からのことである。その中から、注目する必要があると思われる伝承を選び出してみることにする。

【供養山の「六人之墓」】

《話者・強清水の古老》

明治元年（一八六八）八月二十二日、西軍は猪苗代湖十六橋を突破して戸ノ口原に攻め込んできた。翌二十三日、強清水集落付近に出陣していた士中白虎隊二番隊は、残っていた十六人で西軍と抗戦することになった。指揮は教導という立場にあった篠田儀三郎が執った。

始めは赤井谷地姥山で抗戦した。ここでは白虎隊士三人が戦死した。

姥山で戦死したのは、池上新太郎・津川喜代美・伊藤俊彦の三人である。西軍の攻撃に押されて後退し、次は新四郎堀に身を潜めて抗戦した。この銃撃戦で戦死したのは、石田和助・伊東悌次郎・津田捨蔵の三人である。

慶応四年（一八六八）九月二十三日の昼過ぎ、西軍に捕縛された大勢の丸腰の会津藩士たちが、鉄砲を構えた米沢藩士に連行されて、猪苗代を目指している道筋、強清水集落で休憩をとることになった。生き残っていた白虎隊士中二番隊士たちが、ここで戦死した友が野ざらしのままになっているので、葬らせてほしいと護送を担当している米沢藩士たちに嘆願した。米沢藩は最終的には西軍側に付いたのだが、初めは奥羽列藩同盟として会津藩の救助を願い出ていた経緯がある。よって戦死者の埋葬を黙認した。

生き残りの白虎隊士たちは、姥山と新四郎堀から六人の遺体を運び出し、強清水の農家から鍬などを借り、村人に手助けしてもらいながら戦死者を埋葬した。終了しないうちに、次の集団が来るという知らせが入った。後続の護送に付いていているのは、米沢藩ではなかった。米沢藩士たちは、休憩を切り上げさせて出発を急がせた。

埋葬を完了させたのは、強清水の人たちであった。隊士たちが去っていてしまったので、埋葬された人が誰であったかを知ることはできなかった。

十六人の墓（右）・六人の墓（左） 強清水集落近くの供養山に埋葬され農民兵16人と白虎隊士６人の墓。

集落の近辺に散乱していた農民兵の遺体も、村人たちが埋葬した。

少年たちの埋葬箇所には「戦死六人墓」、農民兵の埋葬箇所には「戦死十六人墓」、と刻んだ墓石を立てた。

鉄砲で撃ち抜かれて斃《たお》れた少年たちを供養するために、強清水の一人の女性が石に地蔵菩薩の姿を刻んで、「戦死六人墓」の傍に供えた。現在はその位置が、少々変わっているという。

斗南に行った会津藩士たちが戻ってきたりするようになってから、徐々に埋葬された隊士たちの名前がわかってきたのである。

この伝承話だけで、巷《ちまた》に流布している白虎隊物語は瓦解してしまう。新四郎堀で銃弾を受けて戦死した石田和助を、飯盛山で切腹させている。

このあたりで、井上氏が早川喜代次氏から頂いたという一枚の紙片の内容を紹介しておこう。

「戦死者調書の写し」

柴 太一郎・庄田安鉄等の調べ

西川勝太郎　弁天山続き　南一丁程の古松の根元で自刃
野村駒四郎　同じ
間瀬源七郎　同じ
安達藤三郎　同じ
篠田儀三郎　同じ
石山虎之助　同じ
簗瀬勝三郎　院内御廟に於いて屠服
鈴木源吉　滝澤坂下とあり
林八十治　滝澤村とあり
井深茂太郎　金堀村東、墓は山神社前の路傍
有賀織之助　同じ
永瀬雄次　銃創のため上人塚堤畔で多賀谷彦四郎が本人の依

頼で介錯
津田捨蔵　強清水村東の新四郎堀で戦死
石田和助　同じ
伊東悌次郎　同じ
簗瀬武治　九月十五日、一ノ堰で戦死
津川喜代美　戸ノ口原姥山で戦死
伊藤俊彦　同じ
池上新太郎　同じ
飯沼貞吉　遅れてきて古松の根元で自刃を試みたが蘇生
「以上　戦死者十一人　自刃者八人　蘇生者一人」

早川氏から手渡された紙片は、今はない。コピーではなく、白紙に印刷されたものだったという。

現在残っているものは、井上氏が人名の順序を変えて書き換えたものである。


井上氏は生涯をかけた白虎隊調査にとって、忘れてはならないもう一人の重要な人物に出会っている。

飯盛正日《まさにち》氏である。正日氏は飯盛山で土産物店を経営していた。井上氏は会社が休みの日は、飯盛山へ出かけて複数の売店の仕事を手伝ったり、伝承話を聞きまわったりしていたらしい。

ある年、大雨が降って正日氏の店舗が雨漏りし、商品を移動させるため大騒ぎとなる事件が起こった。そこに居合わせた井上氏は、我を忘れて商品移動を手伝ったという。

大方の仕事が終わり、雨漏りを避けて広間の隅で休憩をとってるとき、正日氏が話しかけてきた。

その内容は、今まで読んだことも聞いたこともない、会津戊辰戦争時の数々の伝承話であった。井上氏の懸命な働きぶりが、正日氏の心を動かしたのかもしれない。その後も二人は度々出会い、話を深めていったという。

正日氏との出会いが、井上氏のその後の行動に火を付けたといってもいい。様々な人に出会い、様々な伝承話をかき集めて、語り部井上昌威《よしたけ》が出来上がったのである。

白虎隊の自刃話については、数々の説がある。井上氏の語る自刃話を紹介しておこう。

かつてある民放で、「諸説あり」という歴史番組を放映していた。そこに出演して飯盛山の自刃現場を案内していた井上氏が、

「ここで自刃したのは、六人です」

と、テレビカメラに向かって叫ぶ場面が放映され、一部の人々の中で大きな話題になったことがある。井上氏の調査では、蘇生した飯沼貞吉を除けば、ここでの自刃者は六人なのである。

白虎隊士中二番隊で、飯盛山以外も含めて明確に自刃を実行したと思われるのは、飯沼貞吉を除いて八人である。

昭和の中期に発行されていた『会津魁新聞』という日刊紙があった。会津戊辰戦争から九十周年にあたる昭和三十二年（一九五七）に、四～五月にわたって会津戊辰戦争時の様々なエピソードを特集した時期があった。

【逃げ惑う少年たちの話】

〈話者　ある寺の住職〉

八月二十三日、住職は西軍に追われて城下の方から逃げてきた、少年たちの一団を見かけたという。

　怪我をしているらしく、刀を杖代わりにして足を引きずって逃げる一人の少年は、グループに追いつけず、一人で松平家御廟の方向へ向かって行った。残りの五〜六人の集団は、飯盛山の方向に走り去ったのを目撃したと語っている。

（この話は、一人が松平家御廟で自刃し、五人の白虎隊士が古松の根元で自刃したという、井上説の強力な裏付けとなる）。
　※この伝承話を井上氏は、住職から直接聞いている。
（飯沼貞吉が、後日誰かに話したことをまた聞きしたものと思われるが、こんなことを語っていたという）。

　貞吉は洞門を潜って飯盛山側に出たとき、城下の方からは大砲や鉄砲の音が聞こえ、周辺には西軍の兵士の姿が見え隠れしていたという。

右手に怪我を負っていた貞吉は、刀を振るって戦うことはできないと判断して、杉の木に登って身を隠していた。しばらくたって、西軍の兵士たちの姿も見えなくなってから、戸ノ口堰に沿って仲間を捜しているうちに、自刃している五人の仲間を見つけた。

貞吉も自刃しようと小刀を引き抜き喉に突き立てたが、何かにつかえたようで切先が後ろへ通らない。さらに突き直したが通らないので、傍にあった岩石に小刀の柄頭をあて、切先を手探りで血潮の流れ出る傷口に押し込み、岩石の両側に生えていたつつじの根元を両手でしっかりと握りしめて、満身の力を込めて、ぐっと下体を突き出した。そこで、気を失った。

井上氏の語る伝承話と対比してみると、前述の『白虎隊物語』（山口弥一郎著）の白虎隊自刃の場面の内容は、音を立てて瓦解することになる。

『白虎隊物語』には、こう書かれている。

〈篠田儀三郎は日頃愛誦の文天祥《ぶんてんしょう》の詩を高らかに吟じだした。石田和助はこれを聞き深傷に悩んでいたが急に元気を出し莞爾《かんじ》として、

「人生古より誰か死無からん。丹心を留守して汗青を照らさん。」

とついだ。誦し終ると、

「手疵が苦しいからお先に御免。」

といいざま、諸肌を脱ぎ、刀を腹に突きたて見事にこれを引き廻して前に伏した。これを見た篠田儀三郎も後れじと喉を突いて倒れた。〉

石田和助は強清水の新四郎堀で、銃弾にあたって戦死している。強清水の供養山にある「六人之墓」に、戦友と共に葬られている。

貞吉は自分の自刃については、詳しく話している。

しかし、他の人たちのことについては、終生語らなかったと伝えられている。飯沼家では、白虎隊の話を語ることはダブーであったと、貞吉の孫たちも証言している。

杉の木に登って身を隠し、五人が自刃した現場に遅れて到着した貞吉は、語りようがなかったのである。

およそ事実とは異なる形で世間に流布していく白虎隊物語を、貞吉はどんな思いで見ていたのだろうか。

一人だけ生き残った貞吉に対する世間の目は、厳しかったことだろう。遅れて到着したことを知っている人も沢山いて、白い目で見られることも多かったはずである。つらい生涯を過ごすことになったにちがいない。

〈林八十治と永瀬雄次は、日頃仲がよかったので刺し違えて死のうと、互に試みたが、永瀬は先の深傷で既に力なく、林はさらに傍の者に、

「介錯を頼む。」

と叫んだ。野村駒四郎これを見て、さらばと後へ廻り、これを介錯すると自分も亦腹をほふって倒れた。〉

『白虎隊物語』（山口弥一郎著）には、こう記述されている。

伝承によれば、林八十治は不動滝の上で銃弾に斃れ、鈴木源吉と共に滝の側に滝澤村の住民によって葬られた。永瀬雄次に至っては、新堀の洞門を潜る前に多賀谷彦四郎に介錯を依頼して命を絶っている。二人とも飯盛山には辿り着いていない。

白虎隊物語は、誰かが創作したにちがいない。そう感じた筆者は、会津人にとってはタブーかもしれない『白虎隊物語』の闇を暴こうと行動を開始した。

昭和初期に白虎隊の物語を全国に広めたのは、会津藩士の末裔であった平石辨蔵氏である。

『会津戊辰戦争増補－白虎隊娘子軍・高齢者の健闘－』平石辨蔵著　売れに売れまくった第四版の復刻版。白虎隊物語を完成させた作品。

筆者の手元にあるのは、平石辨蔵氏の著書『会津戊辰戦争増補　白虎隊娘子軍高齢者之健闘』（昭和三年〈一九二八〉十二月二十八日改訂増補第四版）の復刻版である。総ページ数五百三十一ページ。

扉を開くと、高貴な方々の前で実施した講演歴。次のページからは、孝明天皇御製の和歌の短冊をはじめとした会津藩関係の写真を、上質紙の片面だけにプリントして二十四枚綴られている。

次に続く序文には、板垣退助の名前が明

記されている。大正五年（一九一六）十二月の月日が付されている。大正六年（一九一七）に初版本が発行されたときに、書いていただいたものであろう。次には、荘田三平氏の序文が続く。昭和三年十一月とあるので、昭和三年十二月二十八日に発行されたこの増補改訂版のために書かれたものであることがわかる。

次の目次からページが始まる。一～二ページが目次。次に平石辨蔵氏の「緒言」が、三ページにわたって記されている。この「緒言」が、平石辨蔵氏を理解するためには、極めて重要なのである。

全文ルビ付きの文章なので、全文を紹介することにする。著作にあたって平石氏が抱いていた、白虎隊を中心とした会津藩士たちの行動への熱い思いを感じ取っていただきたい。

緒言

曩《さき》に職《しよく》を若松聯隊《わかまつれんたい》に奉《ほう》ずるや、其《そ》の兵營創設《へいえいさうせつ》の位置《ゐち》、恰《あた》かも戊辰戰亂《ぼしんせんらん》の渦中《くわちう》たりし地《ち》なるを見《み》て、精神教育《せいしんけういく》の資料《しれう》に豐富《ほうふ》なることを直感《ちよくかん》せり例《たと》へば其《そ》の風紀衞兵所《ふうきゑいへいしよ》は、當時驍名《たうじけうめい》を馳《は》せたる俗稱鬼佐川氏《ぞくしようおにさがはし》の跡《あと》にして、將校集會所《しやうかうしふくわいしよ》は、藩主容保公《はんしゆかたもりこう》に代《かは》り、叛逆首謀者《ほんぎやくしゆぼうしや》を以《もつ》て自《みづか》ら任《にん》じ潔《いさぎよ》く自刄《じじん》して名《な》を千載《せんさい》に止《とゞ》めたる萱野氏《かやのし》の邸址《ていし》なり、又下士集會所《またかししふくわいしよ》の直南地區《ちよくなんちく》は、伏見鳥羽以來難戰苦闘《ふしみとばいらいなんせんくとう》せし、小原砲兵隊長《こはらはうへいたいちやう》兄弟《きやうだい》の壯烈《さうれつ》なる最期《さいご》を遂《と》げし地《ち》にして、又白虎隊《またびやくこたい》の出陣《しゆつぢん》を血願《けつぐわん》せし處《ところ》なり第《だい》二中《ちう》隊《たい》の庭前《ていぜん》は柴《しば》（五郎《らう》）大將《たいしやう》の邸宅《ていたく》にして家族殉難《かぞくじゆんなん》の地《ち》なり、斯《か》く仔細《しさい》に擧《あ》ぐれば、血湧《ちわ》き肉躍《にくをど》るの資料極《しれうきは》めて多《おほ》し、更《さら》に歩《ほ》を營外《えいぐわい》に移《うつ》して俯《ふ》仰《ぎやう》せば、壯烈懦夫《さうれつだふ》を起《た》たしむるに足《た》るべきもの枚擧《まいきよ》に遑《いとま》あらず、其《そ》の一二を擧《あ》ぐれば、卽《すなは》ち小田山上《をださんじやう》に立《た》ちては、會津平野《あひづへいや》の戰蹟《せんせき》を双眸《そうぼう》の間《あひだ》に收《をさ》め、城址《じやうし》に入《い》りては籠城中《ろうじやうちう》の慘狀《さんじやう》、竝《ならび》に上野輪王寺宮《うへのりんわうじのみや》の御入城當時《ごにふじやうたうじ》をも偲《しの》び、或《あるひ》は飯盛山上《いひもりさんじやう》の松籟《せうらい》を聽《き》けば、覺《おぼ》えず壯烈凄慘《さうれつせいさん》の靈氣《れいき》に觸《ふ》るゝが如《ごと》く、或《あるひ》は柳橋橋畔《やなぎばしけうはん》に佇《たゝず》みては、妙齡婦人《めうれいふじん》の鮮血今尚《せんけついまなほ》 腥《ちなまぐさ》きを覺《おぼ》ゆるものあり、故《ゆゑ》に余常《よつね》に之《これ》を以《もつ》て下士卒敎養《かしそつけうやう》の資《し》に供《きよう》せしのみならず、稿《かう》を起《おこ》して同好《どうかう》の士《し》に頒《わか》ちたり、會津戊辰戰爭《あひづぼしんせんさう》の一卷《くわん》是《こ》れなり、然《しか》るに近來又其《きんらいまたそ》の要望益〻切《えうばうます〱せつ》なるものあるを以《もつ》て、茲《こゝ》に第《だい》四版《はん》の已《や》むなきに至《いた》れり、蓋《けだ》し憂國《いうこく》の士漸《しやうや》く多《おほ》きを致《いた》せし結果《けつくわ》に外《ほか》ならず、熟《つらつ》ら現代《げんだい》の趨勢《すうせい》を見《み》るに、內憂外患交々《ないいうぐわいくわんこもごも》至《いた》り、國歩益〻艱難《こくほます〱かんなん》に際《さい》し、徒《いたづ》らに物質文明《ぶつしつぶんめい》に心醉《しんすゐ》し、虛榮《きよえい》に傾《かたむ》き淫蕩《いんたう》に流《なが》れ低止《ていし》する所《ところ》を知《し》らず、顯門富豪《けんもんふがう》に於《おい》て殊《こと》に甚《はなは》だしきを見《み》る、於此乎《こゝにおいてか》神州《しんしう》の正氣《せいき》漸《やうや》く衰頹《すゐたい》し、甚《はなは》だしきは敢《あへ》て皇室《くわうしつ》の尊嚴《そんげん》を冒瀆《ぼうとく》するものあるに至《いた》る、浩嘆《かうたん》せざるべからず、想《おも》ふに之《こ》れ個性教育《こせいけういく》洽《あま》ねからざるの致《いた》す所《ところ》、苟《いやし》くも我建國《わがけんこく》の歴史《れきし》に直面《ちよくめん》して其《そ》の根本精神《こんぽんせいしん》を説《と》き、以《もつ》て我國民性《わがこくみんせい》を自覺《じかく》せしめなば、白虎隊《びやくこたい》の忠勇義烈《ちうゆうぎれつ》も、將又娘子軍《はたまたらうしぐん》の犠牲的精神《ぎせいてきせいしん》も、皆之《みなこ》れ日本民族《にほんみんぞく》の特長《とくちやう》、傳統的本能《でんとうてきほんのう》なるを知《し》り得《う》べし、然《しか》るに世人既《せじんすで》に本末《ほんまつ》を忘《わす》る、遺憾《ゐかん》なりと謂《い》ふべし。

嘗《かつ》て川村《かはむら》（景明《かげあき》）元帥《げんすゐ》を帯道《たいだう》して白虎隊《びやくこたい》の墳墓《ふんぼ》に詣《まう》づ、元帥徐《げんすゐおもむ》ろに隊《たい》士《し》の氏名《しめい》を誦《しよう》し、やがて沈痛《ちんつう》なる口調《くてう》を以《もつ》て其《そ》の靈《れい》を慰《なぐさ》めて曰《いは》く。

嗚呼忠誠《ああちうせい》なる諸士《しよし》よ、諸士《しよし》の死《し》は決《けつ》して空《むな》しからず、實《じつ》に我帝國《わがていこく》青年子弟《せいねんしてい》のため、最《もつと》も崇高《すうかう》にして、且《か》つ萬世不朽《ばんせいふきう》の教訓《けうくん》を垂《た》れたのである、諸士宜《しよしよろ》しく瞑《めい》せよ。

と、元帥《げんすゐ》は薩摩《さつま》の人《ひと》、當時川村純義《たうじかはむらすみよし》の小隊《せうたい》に屬《ぞく》し、西軍《せいぐん》の最先頭《さいせんとう》を以《もつ》て十六橋《けう》を突破《とつぱ》し、鎬《しのぎ》を削《けづ》つて白虎隊《びやくこたい》と戰《たゝか》ひ、遂《つひ》に同隊《どうたい》をして自刄《じじん》の止《や》むなきに至《いた》らしめたる一人《ひとり》なり、然《しか》るに今《いま》やかくの如《ごと》し、更《さら》に語《かた》つて曰《いは》く、當時曉雨《たうじけうう》を冒《をか》し進《す》んで我《われ》に戰《たたかひ》を挑《いど》み、我《わ》が猛襲《まうしふ》に遭《あ》ふて苦戰《くせん》に陥《おちい》り、其《そ》の敵《てき》せざるを知《し》るや、歩々《ほほ》の抵抗《ていかう》を以《もつ》て背進《はいしん》せし機宜《きぎ》の動作《どうさ》は、今尚目《いまなほもく》前《ぜん》に髣髴《はうふつ》たりと、以《もつ》て報國《ほうこく》の至誠《しせい》、盡忠《じんちう》の氣魄《きぱく》如何《いか》に旺盛《わうせい》なりしかを想《さう》見《けん》し得《う》べし、此他闔藩《このたかふはん》一致《ち》、奮然《ふんぜん》として國難《こくなん》に殉《じゆん》せし壯烈悲壯《さうれつひさう》の行爲《かうゐ》は、所謂《いはゆる》日本民族《にほんみんぞく》の大精神《だいせいしん》、即《すなは》ち大義《たいぎ》のため命《いのち》を鴻毛《こうもう》の輕《かる》きに比《ひ》せしものにして、燦然《さんぜん》として汗青《かんせい》の上《うへ》を照《て》らすべきものあり、江湖《かうこ》の諸士《しよし》、願《ねがは》くば時勢《じせい》に鑑《かんが》み、編纂《へんさん》の趣旨《しゆし》を諒《りやう》とし、章句《しやうく》の批判《ひはん》を避《さ》け、専《もつぱ》ら事實《じじつ》の眞相《しんさう》を體察《たいさつ》して、青年子弟《せいねんしてい》の薫陶《くんたう》に資《し》せられんことを、以《もつ》て緒言《しよげん》となす云爾《しかいふ》

昭和三年十二月三日

著者識

〈先に職を若松連隊に奉ずるや、その兵営創設の位置、あたかも戊辰戦乱

の渦中たりし地なるを見て、精神教育の資料に豊富なることを直感せり〜〉

著者平石辨蔵氏は、会津藩士の末裔であり陸軍第29連隊の大尉であった。第29連隊のあった場所は、中世の蘆名氏が開発した場所で、中世から近世にかけて上・中級武士たちの屋敷跡地であった。会津戊辰戦争で名前が出てくる武士たちの屋敷が、各所に点在していた。その武士の子女たちが、自刃を遂げた場所でもある。平石氏はその地に立って、血を湧かせ、肉を躍らせていたにちがいない。

この思いを兵隊たちに伝えたくて、第三版を出版した。ところが、読んでみたいという要望が数多く寄せられたため、第四版を発行することになったのだという。

〈つらつら現代の趨勢を見るに、内憂外患交々至り、国歩益々艱難に際し、徒らに物質文明に心酔し、虚栄に傾き淫蕩に流れ低止する所を知らず、顕門富豪に於いて殊に甚だしきを見る、ここにおいてか神州の正気漸く衰退し、甚だしきは敢て皇室の尊厳を冒涜するものあるに至る、〜〉

国家が国際的に難しい境遇にあるのに、贅沢や虚栄に満ちた生活ぶりである。その傾向は、身分の高い人や裕福な人々が特に顕著に現れている。最近の人心の堕落を嘆き、この現実を何とか打開しなければならないと強調している。

〈以て報国の至誠、盡忠の気魄如何に旺盛なりしかを想見し得べし、此他闔藩一致、奮然として国難に殉せし壮烈悲壮の行為は、所謂日本民族の大精神、即ち大義のため命を鴻毛の軽きに比せしものにして、燦然として汗青の上を照らすべきものあり、江湖の諸士、願くば時勢に鑑み、編纂の趣

旨を諒とし、章句の批判を避け、専ら事実の真相を体察して、青年子弟の薫陶に資せられんことを、以て緒言となす云爾

昭和三年十二月三日　　　著者識〉

藩が一致して、奮然と国難に立ち向かった会津藩の行為は、日本民族精神の原点であり、その記録は燦然と輝いている。細かいところには目をつぶって、この事実を読み取って、青年子弟の薫陶に役立てて欲しいと結んでいる。

筆者はこの平石氏の著書を手に取ったとき、緒言を読むことなくいきなり本文に取り掛かったため、芝居がかった自刃の場面を創作したのは、「この男だ！」と怒りを感じながら読み終えた記憶がある。

しかしその後、白虎隊の自刃の場面は、私の創作であると告白した作家が

いることを知った（詳細については後述）。

平石氏は、そのとき伝えられていた白虎隊物語が創作ものであることを知りながら、事実であるかのように書き綴ったのかもしれない。悲惨な有り様で、自刃を遂げた白虎隊士たちへの鎮魂の念を込めて、感動的な自刃の場面を後世に残してやろうと書き綴った可能性もある。

あるいは、自刃の場面は事実を書き綴ったものと判断して、純粋な思いで表現したのかもしれない。

いずれにしても、この場面は様々な人たちによって繰り返し表現され、百年以上にわたって数多くの人々の心を揺さぶったことは事実である。

白虎隊の自刃話が最初に世に出たのは、明治二年（一八六九）四月二十七日付けで東京浅草で発行された日本最初の新聞、「天理可楽怖」（テリガラフ）第三号であった。会津戊辰戦争における会津の武士階級の人々の壮絶な戦いぶりが紹介され、主に東京人に深い感銘を与えたと伝えられている。

東京鍛冶町《かじまち》にあった医師の家で、客死した北越《ほくえつ》の士　萩原源蔵《はぎわらげんぞう》という人がいた。その人が「心情新話」と題した原稿を書き残した。心打たれることが書かれていたので、発表することにしたと前書きして、定価一匁で売り出されている。

その記事の中から、白虎隊の自刃に関する部分を抜き書きしてみる。

〜前略〜
此の御談《おはなし》あり。一《ひとり》の老媼《ろうおう》ありて其子《そのこ》の行方を知らず、尋て山を攀《よ》ぢ行けば、各《おのおの》両《りょう》裸《はだ》をぬぎて腹を屠《ほふ》れるも有《あり》、喉《のんど》を突けるもあり、刃《やいば》を伏せるもあり、伏屍《ふくし》相據《よ》りて鮮血淋漓《せんけつりんり》たるを見るに、何れも幼弱にて年頃其子と相均《あいひと》しければ、老媼憫然《ろうおうびんぜん》と涕《なみだ》を流し親しく閲《けみ》し視《み》るに、一人《ひとり》刃《やいば》を喉《のど》に刺《さし》はさみ気息《いき》猶《なお》通ずるの如《ごと》くなれば、除《おもむろ》に刃を抜き、其儘負ひ帰り漸《ようや》く養《よう》を加へければ、其人遂に蘇生《そせい》せり。其始末を尋るに、始滝沢辺《たきざわへん》なる山間にて敵を受け戦しが、味方散々《ちりぢり》となり何《いず》くに往けるや知らず、敵は既に疾《と》く進で城際《しろぎわ》に迫りて、烟炎《いんえん》空を蔽《おお》ひ、誰一人来り援《たす》くるものも見へざれば、迚《とて》も叶《かな》はじと各《おのおの》心に決定し、此上は敵の手に係《かか》らんも口惜《くちおし》と、互に相談し、暫《しばらく》其場を遁《しりぞ》き、城陰《しろかげ》の見ゆる所を擇び、各遙拝《おのおのようはい》して死に就《つき》たり。自己も頻《しきり》に喉を突きたるとも貫《つらぬ》き得ざる故に、突たる刃の儘にて両手に木株を引き身を以て圧《お》しければ、人事無證《おぼへなく》となり、此《ここ》に助けて連帰られしことなどは、夢にも覚えざりしなりといふ凡て十六人、*註 何れも白虎隊にて悉《ことごと》く死に就《つ》き、一人蘇生《そせい》せるに因《よっ》て、外十五人の姓名も詳《つまびらか》になりける由なり。～後略～

自刃の様子を、飯沼貞吉が語ったという形で記述されている。一人ひとりが城を遥拝してから自刃した。

「互いに相談し、城の見えるところに移動して、一人ひとりが城を遥拝してから自刃した」

と語り、文天祥を吟じたり和歌の朗詠をしたなどとは言っていない。

石田和助が「お先に御免」と断って、真っ先に腹を切ったことも、林八十治と永瀬雄次が差し違えをしたことも語っていない。

現在、巷《ちまた》に流布されている自刃の様子を、一番最初に世に出したのは、いったい誰なのだろうか。

明治時代に白虎隊について書かれたもので、現在残っているものは、明治二十七年（一八九四）に発行された『白虎隊事蹟』がある。

著者である中村謙氏は、明治二十年（一八八七）八月に取材を始め、六年の歳月をかけて完成させたと伝えられている。殉難士の父母や飯沼貞吉に取材して書き上げたと、前書きには書いてある。

中村謙著の『白虎隊事蹟』から、自刃の場面を抜き書きしてみよう。

〈衆皆意を決し或は慨然として腕を扼するものあり、或は憤然歯を切するものあり、或は従容として義を待つものあり、或は梢乎として首を免れるものあり、或は楠公七生の句を詠ずるものあり、或は張巡戦死の章を誦するものあり、或は天祥正気の歌を謡うものあり、或は項羽垓下の曲を吟ずるものあり、各父母の訓言を追懐し、或は出陣の際慈母より與へられし一首を出して再吟するものありたりと〉

〈軍服を脱ぐものあり、或は刀を抜くものあり、或は短刀を握るものあり、或は既に割腹せしものあり、或は咽喉を貫きしものあり、或は互いに刺しちがえるものあり、実にこれ戊辰八月二十三日午後なりき〉

固有名詞が書かれていないので、誰がどのようにして自刃したかは、明らかにすることはできない。

明治二十七年に発行されたこの『白虎隊事蹟』が、白虎隊の行動などについて詳しく書かれた初めての本なのである。

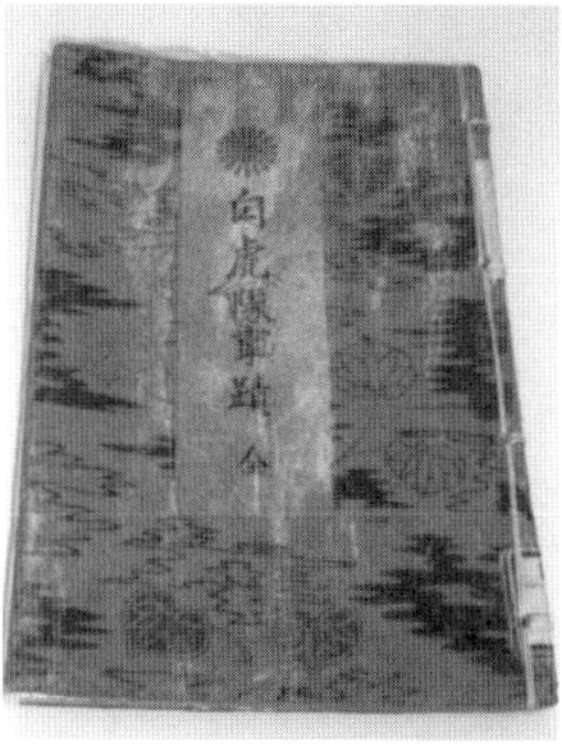

『白虎隊事蹟』中村謙著
６年の歳月をかけて完成させた。沢山の人々に聞き歩き、事実と噂がないまぜになっている感じがする書きぶりである。（会津若松市立会津図書館所蔵）

明治二十四年（一八九一）一月二日に発行された、会津人二瓶由民氏によって書かれた『白虎隊勇士列傳』という著書がある。白虎隊士十九人一人ひとりの出自と特徴などが記されている。十六人に関しては、自刃・自死などと書かれてあり、刺し違えなどとは書かれていない。残り三人については、戦没と明記されている。
また、追記として飯沼貞吉の行動についても書かれている。
「白虎隊勇士ノ中飯沼貞吉衆ニ後レテ至リ同齊皆自殺スルヲ見テ周章刀ヲ取リ自ラ咽喉ヲ貫キ前ニ斃ル」とある。貞吉が遅れて自刃現場に到着したことは、伝承にも語り継がれているので、真実といってもよいであろう。

白虎隊の自刃に関しては、明治の中ごろまでは様々な説が巷《ちまた》に流れていた証拠である。

ところがある時期から、白虎隊物語のパターンは固定的になってくる。

明治三十二年（一八九九）～三十六年（一九〇三）、村井弦斎氏の報知新聞連載をまとめた単行本『絵入通俗・西郷隆盛詳伝』が発行された。その中の「白虎隊の壮烈」という項に、白虎隊の自刃の様子が感動的に表現されている。
村井弦斎という人物は小説家であり、新聞小説を書くくらいだからかなり名の知れた人であった。

実際に読んでみるとなかなかの名文であり、かなりの数の人々が感動しながら読んだであろうと、推察することができる。

村井弦斎氏が書いた、白虎隊自刃の場面を紹介しておこう。

〈若松城は、焔の中に包まれて五重の天守暗澹《あんたん》として色もなし。砲声頻《しき》りに轟き、合戦今正に酣《たけなわ》なり、十六少年は遥かに此の光景を眺め、心腸も為に砕くる思いして互に相顧み、「ア、お城は今に落城せんとす、我等敵中に斬り入らんも身體疲れて動き難し、一死を以て君恩に報ずるは此時なり、一同潔く此山上に自殺せん」と十六人遥かに城を拝み各々最後の用意をなす、当年十六歳なりし飯沼貞吉は此世の名残りとて母より賜はりたる短冊を取出し聲高らかに其歌を詠みければ、篠田儀三郎とて十七歳の美少年聲も朗に文天祥が正気の歌を吟ず、負傷に悩み息も半ば苦し気なりし石田和助とて十六歳の少年は篠田の吟聲を聞いて莞爾《かんじ》と笑ひ、我も最後の吟聲を為さんとて、「人生古より誰か死無からん、丹心を留取して汗青を照らさん」と文天祥が零丁祥の詩を吟じ了り、我は手疵の苦しき故お先へ御免を蒙ると両肌を脱いで刀を腹に突き立て見事に引廻して前に伏したり、之を見て篠田儀三郎も人に後れじと杖にせる刀を逆手に執り自ら喉を貫いて死せり、林八十治と云える十六歳の少年は同年なる永瀬雄次と親友の交りありしが死なば諸共と約束したことを思い、刺違へで死なんと林は刀を執って永瀬の胸に擬し、永瀬は林の喉に刀を當て、双方より一時に聲をかけて刺違へたり、然るに林俄に死せずして苦しさに傍の人に向って介錯を乞いければ野村駒四郎とて十七歳の少年が林の首を打落とし自らも腹掻切って失せたり、其外の人々、一人として卑怯の振舞無く、年は若くも忠勇義烈に育てられたる十六士とて十六人相前後し、彼方此方に自殺を遂げたり、少し後れて同じ隊中の池上、伊東、石山、津田と云える四人が先に滝沢峠にて敵に遮られ、他の者は討死せしを四人のみ辛くも斬抜けて十六士の跡を追い漸く此處に来たり見れば十六士は儘く自殺を遂げ、草も木の根も碧血に塗れて死體の狼藉たる有様目も丸てられず、ア丶我等も死後れたるか残念と四人も忽ち腹切って失せたり〉

現在、巷《ちまた》に流布されている白虎隊物語では、刺し違えして自刃したと伝えられている林八十治の末の弟に、三浦梧楼という人物がいる。林梧楼は明治四年（一八七二）に生まれ、三浦家に入って三浦梧楼となり、青森県五戸町の助役などを務めた人である。

明治三十年代に「報知新聞」に連載された、「西郷隆盛一代記」という小説を読んだとき、違和感を感じたらしい。兄八十治の死に方については、両親などから繰り返し聞かされていたが、村井弦斎氏の小説のように親友と差し違えで自刃したなどとは聞かされていなかった。

井上昌威《よしたけ》氏が語るように、「林八十治は鈴木源吉と共に不動滝の上で、銃弾に打たれて戦死した」と聞いていたのかもしれない。村井弦斎の小説を、いつ読んだのかは定かでない。しかし、自刃の内容に違和感を感じた梧楼が、作者である弦斎に手紙を書くまでには、かなりの時間を必要としたであろうと推察する。なぜなら弦斎は、明治の文壇では夏目漱石以上に人気があったと伝えられている人物であったからである。

梧楼は勇気を振り絞り、兄の死亡の件について手紙を書き送った。そうしたら、弦斎から返事が返ってきたのであった。その時期も定かではない。

梧楼はそのいきさつを昭和九年（一九三四）に発行された『会津会雑誌』第四十五号に投稿している。

次にその要点を紹介しよう。

亡兄林八十治に関しての思ひ出

青森県五戸町　三　浦　梧　楼

私は白虎隊士林八十治の末弟として、明治の初め父が会津若松より其地付近の移住者団長として寓居せる、当青森県下北郡川内町著名な川内目薬の本舗菊池方の一室で呱々の声を揚げ、爾来幾多の先輩師友から乃《だい》兄《けい》の名を恥ずかしむる勿れと、種々の鞭撻指導を被りしに不拘《かかわらず》。

遂に平々凡々の身を以て、数々凶作減収見舞はれ北地の邊諏に余生を送って居りますが、今やわが白虎隊の誠忠英名は、国の内外洋の東西に喧傳され、浮遊の身の果敢なき短命は、却って幾千代かけて消え失せぬ存在とならうとは、誠に意外にて、亡兄も定めし地下に感謝の涙を濯いで居ることでせう。

さて、ここに近頃白虎隊に関し、琵琶に弾奏され活動写真に映写されている事頃中、八十治兄が、永瀬雄次氏と親友であったとか又最後の介錯を、野村駒四郎氏に頼んだとかいふ件には、軈《やが》て追々真実の様に語り傳へらるゝでせうが、勿論、これは想像上の事実で、遺憾ながら真実の知り得べき訳もありますまい。

（中略）

さあれ。私の八十治兄に関する記述は、多分明治二十二・三年前後村井寛氏弦斎先生が、永らく報知新聞付録として連載せる、西郷隆盛一代記中の起稿が其発端をなすものと信じております。当時其記事を見た私は、早速弦斎先生に書を送りて、永瀬と親友云々前後の記事は、何か拠る所ありての執筆かと質しましたら、弦斎先生は直に書を返して、そが文飾の罪深く陳謝すと申送られました。

其書簡は、今も私の書庫にある筈です。

（後略）

この投稿文が『会津会雑誌』に掲載されたのは、会津戊辰戦争後六十六年を経過した昭和九年（一九三四）のことである。『会津会雑誌』とは、明治四年（一八七一）斗南藩消滅後、全国に散った旧会津藩士たちを繋ぐために、事務局を東京に置いて出版されたA６判大の和綴じの本である。

三～四ページ程度のスペースに、三浦梧樓氏の投稿文が掲載されている。

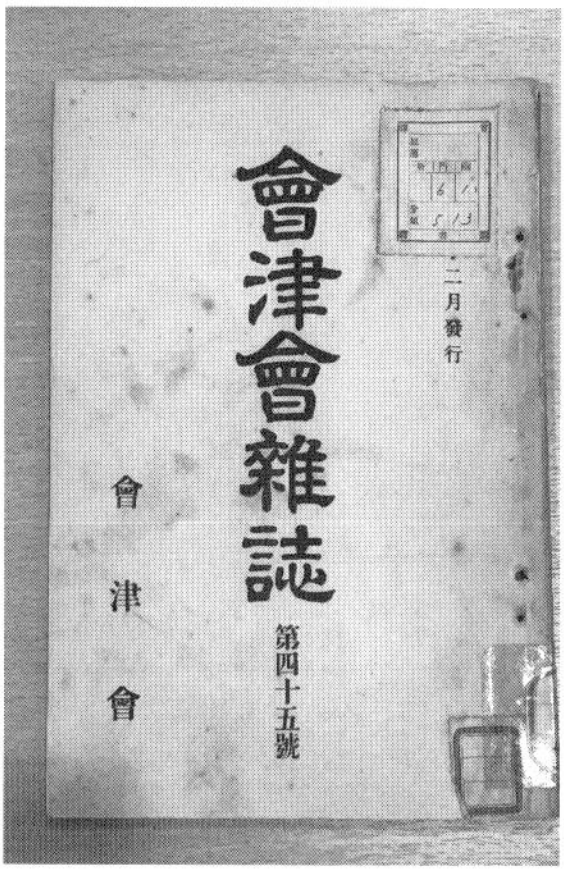

『会津会雑誌』第45号　会津若松市立会津図書館が見せてくれた。

この書籍の発行部数は、今となっては知ることはできない。会津藩士の遺族たちに、どの程度の範囲で配本されていたかも不明である。

昭和九年（一九三四）のころは、国際社会の中で頭を擡《もた》げつつあった日本が、世界の強国から圧迫を受けていたときであった。富国強兵・皇民化教育などに、白虎隊が利用されている真っ只中の時代であった。

何人かは読んだであろうが、白虎隊士の末裔とはいえ青森県の片田舎から投じられた一文は、大きな話題にはならなかったと推察される。

そのころ、白虎隊はどんな扱いを受けていたのだろうか。

陸軍大尉であった平石辯蔵氏が、大正六年（一九一七）五月に『会津戊辰戦争』なる著書を発行した。同年八月に第二版、昭和二年（一九二七）十二月に第三版を発刊した。売れ行きが良かったため、昭和三年（一八二八）十二月に改訂増補版を発行する次第となった。題目は『会津戊辰戦争増補　白

虎隊娘子軍高齢者之健闘』、定価金参円五十銭。

これが全国的に売れまくって、壮烈無比の白虎隊の地位が確立されたのである。

白虎隊の自刃の場面に関しては、創作者村井弦斎氏の文章にさらに脚色を加え、より感動的に綴られている。しかも、「飯沼貞吉氏談」と明記されている。

飯沼貞吉は、自刃の場面に関しては自分の行動しか語っていないと筆者は認識している。このあたりが、平石辨蔵氏の危ういところである。

この白虎隊自刃の場面を、伝承話の語り部井上昌威氏に語ってもらおう。

明治元年（一八六八）八月二十三日のことである。

城へ帰ろうと試みたがうまくいかず、西軍に追われるように逃げてきた一団が目撃されている。数名のグループは飯盛山方面に逃げ込んだが、足に怪我を負っているらしく、刀を杖代わりにして遅れてきた一人は、松平家御廟の方に逃げっていったという。

後でわかったことだが、飯盛山方面へ逃げ込んだのは、篠田儀三郎・野村

自刃の場所　飯盛山の石段の途中から右側に抜ける出口がある。そこから60～70メートル戸ノ口堰に沿って進むと橋があって、そこから飯盛山墓地に登ることができる。墓地であるので、段々の曲輪状になっている。そこの一番下の平場で、５人が自刃した。（自刃者　篠田儀三郎・西川勝太郎・野村駒四郎・間瀬源七郎・安達藤三郎）
遅れてきた飯沼貞吉もここで自刃を試みた。

「白虎隊士自刃の場所」として、観光客たちが誘導される平場。ここでは、かなり遅れてきた隊士が１人で自刃している。（自刃者石山虎之助）
墓参を済ませた観光客を、５人が自刃した場所まで降りてもらうことは、危険が伴う。

駒四郎・間瀬源七郎・安達藤三郎・西川勝太郎の五人であった。彼らが自刃の場所に選んだところは、戸ノ口堰を越えて二メートルほど登った所にある、細長い平場であった。急傾斜地はずっと上まで続いており、あちこちに平場が作られ、滝澤村の人たちの墓石が点在していた。彼らが選んだ一番下の平場はかなりの広さがあり、戸ノ口堰に面した土手の縁には、松の木が四本植えられていた。

誰がどのような方法で自刃したのかは、わかっていない。ただ彼らは、自刃には介錯人が必要であるということを学んでいて、西川勝太郎が務めたのではないかと伝えられている。

文武両道に優れ、且つ度量があったため介錯人に選ばれたと、明治二十三年（一八九〇）八月に出版された二瓶由民著『白虎隊勇士列傳』に記されている。

伝承によれば、最後に一人残った西川勝太郎は、確実に即死できる方法を選んだ。ヤーゲル銃の銃口を口の中に差し込み、足の指で引き金を引いたのだという。そのため頭部は粉々に砕け散って、誰の遺体であるか判別がつかない状態であったらしい。その後に、右手に傷を受けた飯沼貞吉が来た。五人の様子を見た彼は、遅れてはならじと小刀を抜き自害した。

筆者は推察する。

少年たちは、精神的にも大きな打撃を受けて打ちひしがれ、疲労困憊して自刃の場所まで辿り着いたのだ。周辺には敵軍が徘徊して、銃声なども響いていたはずである。詩吟などを吟ずる状況ではなかったと思う。親兄弟が逃げまどっているであろう城下に向かって手を合わせたのち、密やかに自刃したであろう。

伝えておきたいことは、人間同士の争いや戦闘行為などから、美しい話などは生じてこないという現実である。

戦いに関する様々な美談の多くは、後日第三者が離れた場所から一点だけを見つめ、鎮魂の思いを込めて書き綴ったものである。

筆者は、現在巷《ちまた》で語られている創作されたであろう白虎隊物語を、真実ではないという理由で否定する立場は採らない。

幾人もの小説家・講談師・郷土史家たちが、創作であることを知りながら、あるいは史実であると信じて、百年以上の月日を重ねて作り上げてきたものである。

「無形文化遺産的な存在である」と言っても良いのではないだろうか。

すべての文献に目を通したわけではないが、『会津若松史』・『喜多方市史』・中村彰彦氏の白虎隊関係の著書などには、自刃のことについては書かれているが、誰がどんな死に方をしたかなどということには触れていない。

もう一つ、後世に伝えておかなければならないことがある。

白虎隊士の墓地について、井上氏の調査記録がある。

白虎隊士の墓地が現在の場所に落ち着くまでには、様々な変遷を辿ってきている。初期のころは、死亡した隊士たちの墓はあちこちに点在していた。ある時期から、飯盛山のさざえ堂東側に集中するようになってきて、八人・十六人・十九人と増加してきた。

やがて、さざえ堂東側の墓地は、飯盛山を切り崩して広場をつくり移転することになった。参詣者が多くなったため、グレード・アップしようという人物が現れたからである。企画したのは、山川健次郎男爵のグループだった。歩兵29連隊をはじめとし、様々なボランティア集団が、奉仕作業に参加してきた。

数字的なこともわかっているので、次に列記してみよう。

移転整備工事が始まったのは、大正十四年（一九二五）十二月二十二日、終了したのは大正十五年（一九二六）三月十五日、作業日数は七十八日間であったという。作業への参加人数は、延べ五千二百二十一人と記録されている。

○参加組織と人数

・消防組（若松・北会津）六百三十五人
・修養団（若松・湊村）八十九人
・青年団（若松・北会津）五百十人
・少年団役員　十二人
・会津中学　七百九十六人
・若松商業　二百二十人
・会津工業　三百十六人
・小学校など（第一小・第三小・第五小・一箕小・実業女学校）千四百六十九人

・北会津教育会（教員）七十八人
・若松歩兵29連隊　四百七十九人
・在郷軍人（若松・北会津・湊村）五百三十二人
・篤志家（石工三人を含む）　八十人
・各地の婦人会（若松・一箕・北会津・滝沢・門田〜炊き出しの手伝い）

延べ八十人位

このときのことである。墓地改修ということで台座から取り外してあった墓碑の右上に、石工たちが「自刃」という文字を刻み始めていた。それを見た飯盛山主飯盛正信氏が「全員に自刃と彫りつけるのは間違いである」と関係者に抗議を申し込んだという。

しかし、このことは軍関係者の意向であるとして、この抗議は受け入れられなかった。大正の末期までは、白虎隊士十九人全員が自刃したのではなく、戦死者も混じっていることを知っている人は、沢山いたのである。

このときから人々の口は封じられ、「白虎隊士十九人全員が飯盛山で自刃した」という白虎隊物語が歩き出したのである。

五、語り部「昌威《よしたけ》」氏の今後

米寿に近い昌威氏は、杖を突き少々前かがみで歩行している。しかし、記憶力抜群の頭脳は、いまだ衰えていない。

コロナ禍が下火になれば、講演活動も可能である。パソコンを駆使して作成する講演資料は充実していて、彼の講演を聞きたいというファンも数多い。コロナ禍が収束する日を心待ちしている。

すでに故人となられた飯盛正日氏に、白虎隊に関する様々な伝承話を教えていただいたときのことである。

昌威氏の目を見つめながら、正日氏が真剣な表情で語りかけてきた。

「いま語った話を本にして残しておきてえと思っていんだが、俺の立場では世間からなに言われっかわかんねえ。それに年取り過ぎて、力も湧いてこねえ。おめも、今本出すのには若すぎる。俺に代わって、おめ死ぬころ、本にしてもらいでえ」

昌威氏は遺言と受け止めた。

そして今、『白虎隊の真実』というテーマで、彼が伝え聞いた伝承話の数々をまとめようと、執筆に取り掛かっている最中である。これは昌威氏の遺書でもある。

筆者が今、夢見ていることがある。

昌威氏の伝承話を基にして十数枚程度のパネルを作成し、あちこちで小さな展示会を開催することである。会場には昌威氏がいて、パネルの解説をしていただく。

『白虎隊の真実』パネル展。

入場料一人三百円。

各地を渡り歩いて、二人で旅芸人のような生活を経験すれば、二人の冥途の土産になるのではないかと思っている。

参考資料

『白虎隊物語』 山口弥一郎著

『会津戊辰戦争増補　白虎隊娘子軍高齢者之健闘』（復刻版）平石辨蔵著　丸八商社出版部

『白虎隊精神秘話』 飯盛正日編著　山主飯盛本店

『会津人群像』第27号「白虎隊の真実」井上昌威著　歴史春秋社

『会津戊辰戦争　戸ノ口原の戦い』日向内記と白虎隊の真実　冨田国衛著　おもはん社

あとがき

「会津藩に一人で立ち向かった男」大石組《おおしぐみ》郷頭中丸惣左衛門を書くことを思い立ったのは、現在会津藩と呼ばれている武士集団が、会津の人々を圧政で支配していた実態を知ったときからです。初代保科正之から九代松平容保までの、二百二十五年間にわたって会津を支配しました。会津を治めていた当時は、会津藩などと呼ばれることはなく、肥後守家中もしくは会津肥後守で通用していました。家中を仕切っていたのは二百余家の高遠衆で、残りの千三百余家を超す家臣たちは、雇われ者だったのです。将軍の血を引く正之が領主となってからは実績を積み重ね、徳川幕府の重要なメンバーになっていきました。

その武士集団に元大石組郷頭中丸惣左衛門は、たった一人で挑みかかったのです。大石組とは、現在の金山町とおよそ一致します。郷頭の屋敷は、大志という集落にありました。筆者の隣の集落になります。筆者の先祖も世話になったであろう人物です。

それなのに、筆者が惣左衛門の存在に気付いたのは、八十歳を過ぎてからのことです。他人から大金を強請り取った人物として流布されたため、金山の祖先たちは子孫に語り伝えることをためらったからでしょうか、殆どの町民は知っておりません。

この強烈な御蔵入人魂《おくらいりじんたましい》に満ちた男の生き様を、御蔵入人の血を引く方々に知っていただきたい。惣左衛門の持つひたむきさ、粘り強さ、優しさ、暖かさ、そしてときとして発揮される豪胆さは、御蔵入人に共通する精神的要素であることを、強く認識していただきたいのです。

第二部の白虎隊については、二十数年前に調べに掛かったことがありましたが、調べているうちに「これは作り話だ」と感じたため、そのまま放っておいたのです。

井上昌威《よしたけ》氏に出会って、彼が長い間にわたって伝承話を調べ上げて、一つの結論に達していることを知りました。

以前、テレビの取材に応じて飯盛山を案内したとき、カメラに向かって「ここで自刃したのは、六人です」と叫んだのです。

白虎隊の自刃の人数については諸説ありますが、現在の会津で「六人です」と言い切るのは、大変勇気のいることなのです。

テレビを見ていた筆者は、思わず叫んでしまいました。

「ヤッター！　すげえやっちゃ！」

この人のことを書き残しておかなければならない。これが第二部を執筆した動機です。

現在の会津、特に会津若松市では、歴史といえば戊辰戦争の周辺の話になり、会津魂といえば、白虎隊魂とイコールになる有様です。会津まつりの行列も戊辰戦争関係がメインになります。令和四年（二〇二二）九月には、久しぶりに沿道に並んで見物しました。周辺の方々に伺ってみましたが、皆さんのお目当ては女優の綾瀬はるかさんでした。

綾瀬さんが来られなくなったら、会津まつりはどうなるのでしょうか。白虎隊では、人が集まらなくなっている時代なのです。

戊辰戦争にどっぷりと浸っているようでは、新しい世界は切り開けません。この本を読んで、戊辰戦争・会津藩・白虎隊から抜け出し、新しい世界の扉を開いていただきたいと思っているのです。

長谷川 城太郎（慶一郎）

会津葦名一族研究会副会長

セミドキュメンタリー　**風に立ち向かった男たち**

令和５年４月30日　初版第１刷発行

著　　者　長谷川　城太郎
発 行 者　阿　部　隆　一
発 行 所　歴史春秋出版株式会社
〒965-0842
福島県会津若松市門田町中野大道東8-1
電　話（0242）26-6567
ＦＡＸ（0242）27-8110
http://www.rekishun.jp
e-mail　rekishun@knpgateway.co.jp
印　　刷　北日本印刷株式会社